Le Livre du Soi

La Téléphasie : Les cinq dynamiques universelles

L'interaction intra-personelle et sociale comme clef de la reussite.

Préface

Je dédie ce livre à mes proches, mes amis, ma famille, et tous ceux qui m'ont supporté dans mon travail.

Ces dix dernières années de voyages, de rencontres, d'expérimentations qui m'auront permis de modéliser la Téléphasie, ma méthodologie de développement transformationnel, on étés pour moi un enrichissement sans limites.

J'ai également une pensé particulière pour les lecteurs de cet ouvrage, et quelque soit votre approche du développement personnel. Que vous soyez dans une période ascendante et en recherche d'une approche méthodique de la performance, ou que vous soyez dans une phase existentielle difficile et en recherche d'une compréhension plus pragmatique de la vie, j'espère que ce contenu pourra apporter certaines réponses et surtout un point de départ conceptuel à la réussite de votre existence.

Ce livre n'est pas un objet de motivation, il est un objet d'analyse et d'instruction méthodologique pour un individu qui se pose des questions sur sa vie et sur la manière dont fonctionne son univers contextuel. Le rêve de vouloir vivre sa vie pleinement, d'être en harmonie avec notre entourage, de pouvoir répondre à nos questions existentielles, doivent êtres des motivations suffisantes pour pousser un individu à aborder le développement personnel et l'appliquer dans sa vie de tous les jours.

J'ai donc une pensé chargée d'émotion pour ceux qui m'on aidé à construire se travail, et ceux qui s'y consacrerons pour leur propre bénéfice, ainsi que pour leur entourage. Merci à *Jérôme*, *Dr.Aleister*, *Deborah*, ainsi que les étudiants et le directeur de l'université d'Islamabad, *Mr. Rawajpoutalah* pour leur disponibilité et leur participation actives à mes expérimentations.

Gabriel T. Josephson

Sommaire

Introduction

Je me nomme Gabriel Théo Josephson et suis coach en développement personnel et méthodologies transformationnelles. Ces dix dernières années de ma vie, je les ai consacrées à conceptualiser ma méthodologie, une approche de la réussite que j'applique dans tous les domaines de ma vie de tous les jours. Je tien par cet ouvrage, à vous faire découvrir une conceptualisation sociologique et intra-personnelle, qui vous aidera à comprendre aussi bien des mécanismes qui tiennent de votre personnalité, mais également le secret des interactions sociales qui mènent à la réussite, quelque en soit la signification à vos yeux. J'expliquerai de manière rationnelle et en restant le plus objectif possible, les raisons pour lesquelles certaines applications spirituelles et intellectuelles sont obsolètes à notre mode de vie contemporain, inadaptées et même parfois dangereuses. Après avoir éclairci quelques « non-dits » sur les réalités de la philosophie et de la psychologie freudienne, je rentrerai dans le vif du sujet qu'est ma compréhension des interactions sociales et l'application concrète que j'apporte à ma méthodologie de développement personnel, la Téléphasie (je précise que cela n'a rien à voir avec la télépathie).

Enfin, après avoir partagé mon analyse de ce qui nous caractérise au sein de notre système social d'aujourd'hui, j'en viendrai au système des cinq dynamiques universelles, EMAST (Énergie, Matière, Attraction, Synchronisation et Temporisation) qui caractérise le fonctionnement relatif de tout ce qui existe et évolue dans notre univers, y compris nos interactions sociales, la cybernétique psychologique, et tout ce qui constitue une entité existante dans notre dimension vous sera expliquée sous ce système universel, simple, vrai et fonctionnel. Nous comprendrons par cette conceptualisation, les étapes de l'attraction chez les individus et la manière dont ils construisent un intérêt commun dans leurs relations, qu'elles soient amoureuses, professionnelles ou amicales.

J'évoquerai également un point central à la Téléphasie que sont les Ancrages Négatifs Inconscients (A.N.I), et je vous expliquerai l'influence qu'ils ont sur chacune de vos décisions conscientes ou inconscientes. Ce voyage à travers une compréhension lucide de l'individu et ce qui le relie aux éléments de sa vie se fera également par une analyse des faits de société les plus courants, et qui nous enferment dans des schémas comportementaux répétitifs et non productifs pour notre internet personnel et commun.

Je vais maintenant commencer cet ouvrage par une introduction sur la Téléphasie, ma méthodologie de développement personnel.
Je vous souhaite une agréable lecture, et c'est avec plaisir que je vous accueille dans mon univers.

La Téléphasie.

« Bien souvent, on m'a questionné. Rarement j'ai répondu la même chose ».

La perception est une notion cruciale qui est au centre de ma méthodologie de coaching personnel. Je vois une tasse posée sur cette table, elle est rouge. Vous la voyez verte. Il y a confusion, perte de repère, problème de communication et manque d'empathie. Il y a un fait, vous êtes daltonien. Votre rétine n'a pas la capacité de distinguer cette couleur.

La couleur n'est que réflexion de la lumière et l'homme « normal » est capable d'en distinguer un certain nombre. Il en existe d'autres que nous ne sommes pas capables de distinguer comme les infra couleurs, la plus connue étant l'infrarouge. Qui a tort ? Celui qui physiquement, ou moralement, ne peut constater l'existence d'une entité ? Celui qui est doté « d'ultra capacité » et qui donc est éclairé à des éléments qui n'existent pas pour ses contemporains ? Qui peut trancher ? Celui qui juge l'un ou l'autre des protagonistes ? Celui qui estime être assez objectif pour le faire ? Je pense que plusieurs vérités existent. Cependant, il n'est pas naturel de croire en plusieurs vérités, et l'homme agit de manière cohérente et cherche donc de par instinct à analyser et trancher pour la « meilleure solution ». Il y a toujours une meilleure solution, «La Solution». Il y a la bonne ou la mauvaise réponse, le jour et la nuit. Le blanc et le noir. Le bien et le mal.

L'homme apprend à l'homme que la cohérence est là et que si vous êtes à côté, alors vous êtes perdu et devez retrouver le chemin de la vérité. La réalité est différente, car elle est en chacun de nous et la vérité n'existe que dans l'objectivité de percevoir ce que nous sommes réellement. Personne ne peut vous connaitre mieux que vous-même, et vous êtes celui qui peut guider les autres dans votre univers contextuel. En les laissant vous découvrir, vous leur apprenez à se découvrir eux même.

J'ai discuté un jour avec un philosophe japonais qui m'a exposé l'idée suivante :

« Pour nous japonais, il est parfaitement acceptable de laisser une conversation en l'état d'indéfinie, et de ne pas avoir atteint l'objectif désiré d'un échange verbal, ou même de restaurer un sujet en l'état de non définissable. Cela ne dénature en rien ce quelque chose de non défini, et ne le laisse pas simplement glisser dans son contexte, mais lui permet d'exprimer ainsi toute sa puissance réelle et luminescente au cours d'un dialogue ».

Ce qu'il veut dire par là, c'est que vous pensez être conçu de telle manière que si l'on vous explique un concept valide, vous allez forcément le comprendre. Et que nécessairement, si l'on vous explique un concept que vous n'arrivez pas à comprendre, c'est qu'il doit être invalide. Il y a un fait qui n'est pas accepté par la société, le fait que les réponses sont en chacun de nous. Visualiser un concept qui n'existe pas est un exercice intéressant qui demande créativité, imagination et persévérance. Lorsque j'ai démarré cette étude à la fin des années quatre-vingt-dix, j'étais loin de me douter qu'elle me demanderait autant de passion et de travail. L'origine de ce travail est une motivation personnelle, une sorte de quête, une recherche, une découverte existentielle en quelque sorte.

Lorsqu'un individu commence à se questionner sur lui-même, et malgré son caractère unique par rapport aux autres, il commencera bien souvent à porter ses interrogations sur ce qu'on pourrait appeler la base commune. Qui suis-je ? Par quoi mon identité se définit-elle ? Comment me perçoivent les autres ? Quel est le but de la vie ? Comment atteindre le bonheur? À partir de ce point central, chacun va explorer son univers contextuel à sa manière, avec plus ou moins de succès selon les individus, leurs ambitions, leurs expériences, positives ou négatives, et tout cela en étant bien sûr limité a la capacité de perception qui leur est accessible. J'ai moi-même fait cette expérience, celle d'analyser ce qui me relie aux événements extérieurs de ma vie et de mesurer ma par responsabilité dans chaque résultat d'une action. C'est un exercice difficile, déboussolant, et parfois frustrant lorsqu'on essaie de le pratiquer sans méthodologie. Il y a plusieurs points d'entrée à ce type de réflexion, ce qui est souvent déroutant pour quelqu'un qui n'a aucune base philosophique ou en psychologie cognitive, sociologie, développement personnel, méditation, ou tout autre domaine applicatif à la perception interne. À tort ou à raison, j'en suis venu à me dire que le point de départ le plus sûr et dans n'importe quel domaine de la vie serait la « vérité ». Comment se rapprocher le plus possible de la vérité ? Si je suis dans le vrai, je ne suis donc pas dans l'erreur ? Et si je suis dans la vérité, mes actions ne peuvent-elles que générer des résultats positifs ? Pour apporter des réponses à ces questions, il faut être le plus proche possible de la vérité. Alors dans un premier temps, essayons de définir ce qu'est la vérité. Je pense que c'est un concept qui peut être mis en équation mathématique, et je l'exprimerai de cette manière :

« La vérité est un événement ou un non-événement qui est perceptible sous une forme quelconque, et soustrait à la subjectivité et l'esprit réactif de l'individu qui le perçoit ».

J'ai immédiatement compris que je ne pourrais approcher le concept de vérité sans avoir clairement établi de quelle manière se déroule le processus de perception chez l'être humain, et chez ma propre personne en particulier. J'ai pensé à étudier la philosophie... Le problème de la philosophie est qu'elle n'est pas forcément une science pure en soi. En tout cas, pas la science pure et noble que l'on essaie de nous présenter comme telle. Quel philosophe contemporain n'est pas militant, sous l'influence directe ou indirecte d'une communauté, ou même purement fanatique ? Du moins, les philosophes les plus connus et approuvés par la société, correspondent tous à une catégorie cité précédemment, avec plus ou moins de nuance dans leurs convictions. Michel Onfray à titre d'exemple, décrit les religions comme étant toutes des sectes qui ont bien marché. Il fait souvent référence au côté archaïque de la religion, sans jamais évoquer son côté spirituel et anti rationnel, souvent similaire à une approche philosophique classique. Il explique son dégoût pour la religion à cause de traumatismes liés à celles-ci durant son enfance. À chacun ses démons ! Mais comment quelqu'un qui vit dans la subjectivité de ses traumatismes du passé peut-il prétendre être philosophe ? Ceux qui font parties de son auditoire pourraient être intéressés à savoir ce qu'est la religion et la spiritualité, ils n'auront droit qu'à une chasse à sorcières dessinée par leur philosophe-gourou.

Ainsi, les philosophes sont souvent dangereux derrière leurs apparences de libres penseurs, surtout quand ils s'en servent pour « casser de l'humain » dans des conférences qu'ils donnent, bien souvent dans des ambiances et discours sectaires qui se cachent parfois derrière la dénomination d' « universités populaires ». Cette faiblesse militantiste a décrédibilisé les philosophes contemporains, me poussant à m'éloigner et même parfois m'insurger contre eux. C'est-à-dire que les philosophes d'aujourd'hui ne sont plus dans la recherche de vérité, puisqu'ils ne respectent plus les termes de l'équation, que sont : recherche moins subjectivité et esprit réactif. Je dirai aussi que la philosophie est, et a toujours été majoritairement considérée comme un art plutôt qu'une science.

Le philosophe tel qu'on le décrit n'est jamais préoccupé ou même dérangé par sa situation personnelle, la bonne santé de son compte en banque ou le bruit que peut faire son voisin de palier. Il parait toujours « au-dessus de tout », à rechercher systématiquement le détachement existentiel par l'ignorance de ce dont est constituée la vie de tous les jours d'un individu lambda. Ce n'est donc pas une science qui est dans le vrai (rappelez-vous l'équation), mais plutôt dans la modification de perception. Il faut aussi comprendre que le philosophe est subjectif et n'est pas tenu de respecter une neutralité de perception. C'est justement ce qui rend profondément malhonnête l'utilisation de la philosophie dans les médias de nos jours. Ces intervenants sont présentés par l'establishment comme étant de libres penseurs objectifs prenant du recul sur la société, ce qui n'est pas toujours le cas et je dirais même que c'est plutôt rare.

En parallèle à cette indifférence des philosophes aux réalités quotidiennes, je suis choqué de voir à quel point les valeurs morales de la société ont dégringolé en une petite quinzaine d'années. Il est devenu ringard d'être « correct ». Être correcte est mal vu, pour être considéré comme franc il faut absolument choquer. Pour être considéré comme viable aux yeux de la société, il faut forcément être bête et basique, consommer, se débaucher, magnifier, glorifier et admirer l'imbécillité.

L'argent et le sexe sont devenus les nouveaux dieux de la masse. J'en veux pour preuve les déviances globales que beaucoup de gens essaient de combattre comme ils peuvent, par exemple la sexualisation des enfants, la promotion de l'homosexualité et de toutes les déviances dites

« de genres ». Il est devenu ringard de ne pas fumer, de ne pas boire. Il faut être beau et bête pour réussir. Plus rien ne se gagne au mérite.

Nous essayons d'enseigner des valeurs à nos enfants qu'ils ne pourront même pas faire valoir dans le monde dans lequel ils évolueront. Pour ces raisons qui visiblement échappent aux yeux des philosophes les plus connus et ne semblent pas susciter leur intérêt, j'ai très rapidement avorté l'idée d'étudier la philosophie ou quelconque personnage issu de ce milieu. Âpres tout, si la philosophie s'étudie au lycée avec la même approche pédagogique que pour une dissection de grenouille, alors elle n'a rien d'une science noble et désintéressée. Sans en faire ma bête noire, elle ne m'a en tout cas pas apporté ce que je recherchais. L'exercice philosophique en soi étant intéressant, on peut penser que cette discipline a tout simplement été détournée au fil du temps, et a perdu de sa noblesse.

La psychologie générale est encore plus déroutante dans sa logique décalée, son arrogance face à l'inconnu, et sa détermination dans l'inefficacité. Lorsque j'ai commencé à étudier les bases de la psychologie contemporaine, et donc freudienne, je me suis rendu compte que tout y est surconceptualisé. La psychologie en tant que science est déjà auto restrictive, puisqu'elle est se prétend thérapeutique, et donc le psychologue ne focalise que sur ce qu'il appelle la pathologie et ne s'intéresse finalement pas à l'individu et ce qui constitue sa personnalité pour la bonne et simple raison qu'a ce jour les psychologues ne sont toujours pas d'accords sur les critères qui composent la personnalité d'un individu...

En effet, la communauté scientifique n'est toujours pas tombée d'accord sur la définition exacte de la personnalité d'un individu, et ne sont toujours pas en mesure d'affirmer que cette personnalité est le fruit de notre esprit et de notre éducation, et donc générée par notre mental, ou si au contraire il s'agit d'une information physique circulant dans notre corps. Ces scientifiques qui sont confus par leurs propres méthodologies de perception ne savent pas dire si selon leurs propres critères, la pensée serait juste une impulsion électrique résultant du cerveau, ou si c'est bel est bien une entité physique, coulant dans nos veines et transmissible par les gènes.

La psychologie freudienne est systémique et il y a des « cases » dans lesquelles on place chaque individu. Les abus sexuels répétés qu'a subis Freud dans son enfance y sont probablement pour quelque chose. Il est convaincu que chaque enfant est né avec des désirs sexuels qui le rendent coupable, et qu'il va devoir apprendre à refréner pour s'épanouir à l'âge adulte. Ainsi, il explique surement de par cette approche, les probables et nombreuses expériences sexuelles qu'il eut avec des enfants, expériences qui seront passées sous silence avec l'aide du chaos de l'après-guerre.

Il explique selon ses préceptes, que le bébé éprouve du désir sexuel dès sa naissance, et qu'il va essayer de l'assouvir jusqu'à comprendre que c'est une perversion qu'il faut apprendre à refréner. Ainsi, et encore une fois, le système met en avant les théories d'un homme qui a été meurtri et marqué, et qui va forcément porter un regard subjectif et maladif sur l'homme. Il passera également par des périodes de troubles sexuels et enchaînera les relations de débauche avec plusieurs prostitués hommes, et dignitaires de son entourage.

C'est ainsi qu'en 1884, sous l'influence (des pressions ont été faites sur Freud, le menaçant de révéler publiquement ses relations homosexuelles et pédophiles) d'un laboratoire, Freud est encouragé à s'adonner pour la première fois à la cocaïne et au LSD. Contrairement aux croyances populaires, il ne consommera pas sa cocaïne en inhalation, mais se la fera injecter en doses intraveineuses. Son rôle non officiel fut la promotion des drogues psychiatriques à travers le monde, les laboratoires la produisant connaissant exactement les effets addictifs de la substance. Cet homme que beaucoup considèrent comme étant fiable et comme étant le père et l'inventeur de la psychothérapie, va propager une des pires addictions que l'humanité est jamais connue.

Ceci étant dit, il faut aussi évoquer les grandes lignes de sa méthodologie. Freud se proclame précurseur dans le domaine de l'esprit et il va de soi qu'il a donc produit une « explication » de la nature humaine depuis l'enfance jusqu'à l'âge adulte. Il décrit l'enfant comme étant en permanente recherche d'expériences sexuelles, soi-disant pour contribuer a sont éveil. Il décrit les adultes, comme étant dirigés par des pulsions sexuelles non assouvies de leur enfance. Cette pathologie de voir le mal que l'on ressent s'exprimer chez les autres s'appelle la projection. Freud était souffrant, et parmi ses séquelles post-traumatiques, il souffrait de projection. Freud a toujours projeté ses démons du passé comme étant l'explication ultime du mal-être des autres. En psychologie c'est un syndrome de projection typique et certains pensent même que la kabbale de Freud dans le milieu de la psychanalyse est la plus ambitieuse « auto-psychanalyse » jamais menée par un individu.

Aujourd'hui, un grand nombre de psychothérapeutes hésitent à faire référence à Freud ouvertement. Ils préfèrent parler d'inconscient plutôt que de sentiments sexuels refoulés. Ils préfèrent parler de stade d'évolution cognitive chez le bébé plutôt que de stade « sodomie » décrit par Freud, comme étant l'âge où un bébé désirerait se faire pénétrer. Ils préfèrent de plus en plus évoquer Lacan et autres « pilules » intermédiaires et génériques que Freud lui-même, son nom devenant de plus en plus le sujet de controverses.

Ce qui est ridicule au passage, puisque Lacan clame un retour à la méthodologie freudienne, et qu'il est lui-même très controversé dans ses propres théories. D'ailleurs, certains surnomment Jaques Lacan « l'idole des idiots ». Je vous invite d'ailleurs à faire l'expérience suivante, la prochaine fois que vous avez l'occasion de parler de psychologie a un idiot, demandez-lui de vous citer quelques références et vous verrez qu'il y a de grandes chances pour qu'il évoque Lacan. Beaucoup de gens assez simplistes dans leur approche voient en Lacan une alternative intelligente à Freud, alors que c'est bonnet blanc et blanc bonnet.

Ceci étant dis, le tabou reste encore très fort autour de la psychologie freudienne, et rare sont ceux qui osent s'opposer publiquement à ses théories (désirs sexuels incestueux de l'enfant), qui pourtant sont basées sur le fantasme rétrospectif des abus sexuels dont Freud a été victime étant lui-même encore très jeune. Ceci m'a emmené à ignorer le travail de Freud dans son intégralité, ce que je trouve fortement regrettable. En effet, sa « science de l'esprit » n'est peut être viable pour personne d'autre que lui, il n'empêche que sont introspection est faite avec un très grand niveau d'objectivité.

Si Freud ne m'auras rien appris sur la nature de l'homme, il m'en aura beaucoup appris en tout cas sur ce que la psychologie n'est pas, et ne sera jamais. En ceci, je peux dire qu'être anti-freudien me garantit un contact le plus réaliste et le plus proche possible de ce qu'est la nature humaine.

Partie I
Définition littérale de la Téléphasie

La Téléphasie

« Bien souvent, on m'a questionné, rarement, j'ai répondu la même chose ».

La Téléphasie est un accès privilégié à une compréhension et une maitrise avancée de soit même, des autres, de la vie, et aussi de l'interaction entre les variables qui constituent l'univers contextuel d'un individu et ce qui le lie aux éléments extérieurs de sa vie. Ainsi, la Téléphasie est à mon sens la méthodologie de développement personnel la plus pragmatique et la plus complète qui existe à ce jour. Elle englobe et subdivise chaque aspect de la personnalité, de la vie d'un individu et de son environnement, lui permettant de se voir lui-même à l'intérieur de son univers comme si il regardait une carte GPS. Étant capable de voir, comprendre, et ressentir ce que la plupart des individus ne perçoivent pas est l'aptitude qui va permettre au Récepteur (Le Récepteur est celui qui reçoit le programme de développement personnel en Téléphasie) d'atteindre son plein potentiel. Rien n'est à apprendre par cœur, aucune analyse intellectuelle n'est nécessaire pour vivre cette expérience. Le programme de développement personnel issu de la Téléphasie est calibré sur l'idée scientifique que n'importe quel adulte à la capacité de reconstruire son univers contextuel comme il le veut, pour autant qu'il ait accès à la méthodologie nécessaire. C'est aussi une méthodologie de la perception, et la perception est un concept qui est au centre de la maitrise de l'art de la communication. Etre capable de percevoir ce que les autres ne voient pas est justement ce qui différencie un esprit clairvoyant, d'une personne dite normale. Être capable de ressentir ce qu'un autre ressent est une capacité qui est très souvent utilisée en Téléphasie notamment dans les exercices de « Dual-Channel Thinking ». De nombreuses notions appliquées autour du champ de la perception permettent à un individu de penser « hors de la boite », concept développé vers la fin des années soixante-dix.

La Téléphasie.

« Télé », signifie loin ou distance en grec. Il est couramment utilisé pour désigner une transmission lointaine. Par exemple, la télévision est une vision transmise et reçue à distance. Les outils de télétransmission transmettent du son, de l'image, ou autres données à distance. Le mot « Phase » signifie l'existence d'un cycle, d'une succession de processus exécutés dans une tranche de temps déterminée ou non. « Phase » est un terme utilisé en physique, en mécanique, en thermodynamique, en électronique et dans bien d'autres domaines encore. L'idée est d'identifier l'occurrence et le fonctionnement d'un cycle.

La Téléphasie est selon moi l'approche la plus révélatrice de ce que nous sommes, et de ce dont nous sommes réellement capables en tant qu'individu. Lorsqu'on me demande d'expliquer la Téléphasie, j'ai souvent le besoin d'exprimer une légère parabole, qui explique à quel point le développement personnel est quelque chose de sensationnel, plutôt que rationnel. Je réponds qu'il serait impossible pour un individu d'expliquer avec des mots ce qu'est par exemple l'équilibre, à un autre individu qui ne saurait pas faire de vélo. Il n'est pas possible d'expliquer cette sensation « d'équilibre » que vous ressentez lorsque vous pédalez.

Vous enfourchez votre bicyclette, vous ressentez l'équilibre, et il vous permet ensuite d'aller plus loin en pédalant. La Téléphasie est votre bicyclette. Votre individualité, avec ses qualités et ces défauts. Le but n'étant pas d'amener un individu à ce qui est perçu comme étant la normalité, mais plus encore, de l'amener à ressentir cette sensation d'équilibre dans sa vie, et à ensuite s'en servir pour le faire avancer et allez encore plus loin que ce qu'il ne peut imaginer. Le cerveau est un ordinateur surpuissant qui enregistre en mémoire tout ce qu'il vit, et s'en sert par la suite pour comprendre des situations émotionnelles ou sociales, prendre des décisions et fixer nos humeurs.

Les gens stressés ont souvent des calvities, les gens tristes ont souvent les traits tirés et fatigués et l'on peut reconnaître les hypocrites dès leur premier sourire. Ainsi, indubitablement, l'esprit agit physiquement sur le corps. L'apprentissage des capacités cérébrales ouvre donc des portes très surprenantes aux capacités d'un ES (Esprit Spirituel). Imaginez un accidenté de la route qui arrive à guérir trois fois plus vite grâce à l'action de l'esprit sur son corps. Ou même une femme qui pourrait faire son régime « d'été à la plage » sans même modifier son alimentation.

Considérant une approche plus spirituelle, je dirais que la découverte de multiples vérités sur soi-même et sur l'esprit des hommes invite inéluctablement à un contrôle sur les variables qui nous entourent. Ainsi, l'ES apprends à connaître ces multiples vérités. Il voit devant ces yeux, ce qu'il est vraiment, ce que sont les autres. Il ressent avant que la personne ne parle. Il sait, avant même de demander. Et il comprend comment diriger. Les capacités dites extra sensorielles sont un aspect complexe de la Téléphasie, et il est finalement l'aboutissement et la preuve de l'action du mental sur le physique.

Chaque individu basique est composé d'un minimum de trois ES. Nous sommes trois. En fait, quatre évidement puisque je vous parle. Il est un exercice amusant d'être capable de parler distinctement et chacun à leur tour à ces trois ES. Puis-je vous demander quelle voix vous entendez lorsque vous me lisez ? La vôtre, pas exactement, mais celle d'un de vos ES. Sûrement pas celui de gauche, ni de droite, mais je dirais celui du milieu. Celui qui prend les décisions faciles de la vie de tous les jours. Celui qui vous lit le journal dans les transports en communs ou aux toilettes. Les deux autres, vous ne leur parlez que lorsque vous avez réellement besoin d'eux. Pourquoi ne pas discuter avec eux de choses moins rationnelles et plus spirituelles? C'est une question d'habitude.

Ils existent en vous depuis l'âge de sept ou huit ans, l'âge de raison. L'âge ou votre ES du milieu reste immature à votre image d'enfant, mais comprend tout de même qu'il doit se faire aider. Il accepte alors l'arrivée de deux nouveaux venus, qui l'accompagneront tout au long de sa vie. C'est à partir de ce moment-là que paradoxalement, ces deux ES vont finir par prendre le contrôle de nos décisions et donc de notre vie car nous avons pris l'habitude de laisser notre esprit réactif prendre toutes les décisions. Nous avons érigé nos ES en tant que patrons suprêmes du conformisme, et nous ne nous sentons rassurés que dans une situation connue ou identifiée comme étant normale, concevable.

C'est à ce moment-là que des barrières invisibles viennent cloisonner notre esprit constructif, qui est le seul carburant à notre évolution individuelle, et donc l'évolution humaine de manière générale. Apprendre, comprendre en parlant à ses ES, permet de ne pas laisser place à l'esprit réactif qui n'accepte que ce qu'il connaît déjà comme étant la vérité. Nous faisons parties d'une culture, où les individus ne sont perceptifs qu'a ce qu'ils considèrent comme étant des informations pratiques. Si je ne peux en l'état utiliser une information qui m'est donnée, elle est donc inutile n'est-ce pas ?

Nous recherchons en permanence des informations pratiques, des explications, des démonstrations, des prescriptions, des recettes, des conseils. Il me semble que la vraie manière d'aborder la vie n'est pas de chercher une prescription, une liste de chose à faire, ou de rechercher perpétuellement une compréhension, mais plutôt de laisser ce concept nous envahir et de «devenir » ce concept.

C'est ce qu'apporte la Téléphasie.

Pas une prescription, pas une démonstration, pas une compréhension, mais une façon d'être, qui permet de se nourrir de ce concept et de sa technologie et de le voir s'éclairer à l'intérieur de chaque individu.

Le spectre de la Téléphasie

L'arrivée des nouvelles technologies, l'émergence de nouveaux métiers, de nouveaux produits de consommation et donc de nouveaux « life-styles », ont eu un impact majeur sur l'être humain, sa condition de vie, ses craintes et ambitions, ce qui a donné lieu à de nouvelles perspectives d'évolution, mais aussi de nouveaux « maux » psychologiques et existentiels.

Même si l'on s'accorde à reconnaître que les interrogations de l'homme d'hier ne sont pas forcément opposées à celle de l'homme d'aujourd'hui, nous pouvons constater que grâce ou à cause du recours de plus en plus fréquent aux psychologues et psychiatres chez les populations occidentales (jugées progressistes, riches et modernes), que les craintes, ou mal-être intérieurs sont très souvent liés à notre mode de vie contemporain.

Je pense que chaque dynamique au sens large du terme nécessite une forme de carburant. À titre d'exemple, un effort produit pour gagner une ascension professionnelle va souvent appeler à des sacrifices personnels, familiaux et amicaux. Ce qu'on appelle communément le « revers de la médaille », représente ce qu'il va être nécessaire d'investir comme efforts et sacrifices pour atteindre un objectif personnel. À mon sens, la première difficulté est de trouver un juste équilibre qui correspond à ce que l'on veut, par opposition à ce que l'on peut, ou ce que l'on croit pouvoir.

Riche de mon expérience de directeur de recherche en Téléphasie, il me semble que ce déséquilibre est la source de beaucoup de tourments personnels. Un individu peut être confronté plusieurs fois dans sa vie à des situations de dilemme, ou il devra choisir, faire un compromis entre des principes et aspirations personnelles, et des besoins de nécessité pratique. Dès lors, celui qui doit faire un choix dans sa vie, s'expose au regret, à l'échec, et a la perte d'estime de soi. Peu de personnes reconnaissent la possibilité de tirer parti positif d'un échec. La Téléphasie supprime les Ancrages Négatifs Inconscients (A.N.I), ce sont des mini-traumatismes générés par des erreurs d'enregistrement du cerveau. Chaque individu a ses ANI, et ils sont générés de manière aléatoire depuis notre enfance, quel que soit le niveau social ou d'éducation de l'individu.

Les ANI sont localisés dans le schéma cognitif, entre la perception et la subjectivité de l'individu. Ils créent une cloison invisible qui influence les possibilités et les ambitions de chacun. Le programme de Téléphasie (R.E.C) supprime les ANI principaux, ce qui permet à un individu d'avoir accès à sa personnalité « vraie », celle dont la subjectivité n'est pas influencée par les ANI. À ce niveau, le récepteur (celui qui reçoit le programme), est en mesure de prendre des décisions et d'analyser sa vie avec un regard totalement objectif sur ce qu'il doit confronter à sa perception. C'est à ce moment précis que le récepteur se verra enseigner la notion de « Split » et de « Dual Channel Thinking », que sont les deux étapes suivantes après la suppression des ANI, mais j'y reviendrais plus tard dans les détails.

Pour en revenir au spectre de la Téléphasie, il faut comprendre à qui elle s'adresse. L'homme moderne a clairement eu des soucis d'adaptation à son mode de vie. Si la finance, la paix, et les progrès de la science sont trois domaines particulièrement sensibles, le bien-être existentiel est souvent relégué au deuxième plan derrière productivité, efficacité, et disponibilité.

Il devient difficile pour les individus de cette époque de nouer des liens amoureux à long terme, de croire en leur entreprise, d'avoir confiance en leur prochain. Il semble que l'homme, suffisamment dégouté de l'homme pour en arriver là, s'autorise lui-même à une déchéance progressive au nom de l'économie. On ne sait plus si l'homme travaille pour son confort, ou s'il sacrifie son confort pour le travail. C'est un jeu pervers et un conflit d'intérêts permanent.

A côté de cela, il y a « les autres ». Ceux qui n'ont « pas » de problèmes. Une vie plus ou moins monotone, un emploi stable, une relation platonique. Le « on est heureux », le « je t'aime » répétés en permanence et à outrance, sont venu remplacer « l'acte d'aimer » a proprement parlé. Aimer et être heureux n'ont plus leur signification dans la société moderne, et seul le moyen de véhiculer cette affirmation est devenu le point de référence. La réalité est que trois couples sur quatre divorcent après le mariage, et que de plus en plus de familles adoptent le modèle solo parental.

Souvent même pendant la grossesse de la femme, ce qui semble assez contrasté par rapport à l'abondance de communication sentimentale des couples d'aujourd'hui. Ils vont donc se fier à une sorte d'objectif conformiste qui correspond au cliché social de l'ambition en question. Un bon exemple est le fameux « rêve américain » qui a probablement guidé des millions d'individus dans leur quête du bonheur. Ainsi, ces individus qui risquaient un jour de se poser des questions propres à leur existence ont tout de suite été canalisés et dirigés dans leur conception de l'ambition et du bonheur. On a tout simplement expliqué à ces citoyens ce qu'est le bonheur.

Ainsi, la maison avec jardin, la voiture rouge et la belle qui bronze dans le jardin sont devenues des objectifs existentiels pour ces individus. Le risque pour ces petites gens qui se sont laissé influencer dans ces choix est de voir un jour ce nuage de fumée se dissiper et laisser place à un vide immense.

Ce vide nous le comblons par la consommation. Ceci est démontrable par le fait que les personnes vivant seules consomment en général beaucoup plus de biens secondaires (biens non vitaux), que les couples ayant des enfants.

En réalité, ces confusions et déceptions existentielles viennent du fait que le modèle social d'aujourd'hui n'est pas compatible avec l'épanouissement humain. Il vise à exploiter, et rentabiliser. Une constante que l'on retrouve à la foi dans le milieu social et dans le milieu de l'entreprise est que l'individu n'a aucune importance. Seul le « groupe » est important. Dans l'aspect social, notre modèle démocratique veut que le pouvoir du nombre décide. Par conséquent, l'avis d'un seul individu parmi le groupe n'est pas important. Ainsi, que vous soyez partie intégrante d'un groupe politique, religieux ou lobbyiste, ou toute autre forme de groupe social, vos sentiments, vos questions et craintes ne sont pas importantes. Quelle que soit la pertinence de ces dernières, si vous n'êtes pas approuvé par la masse, vous n'existez pas.

Dans le milieu professionnel, ce dénigrement de l'être singulier est exacerbé... On vous explique que seul le bien-être de l'équipe est important. Je vais maintenant effectuer une transition, après ces constatations sociologiques que j'ai partagées avec vous, et regarder de plus près ce qu'apporte à la société et a l'humain, les psychiatres et psychologues, que nous comparerons ensuite, à la Téléphasie. Il me semble important de comprendre avant toute chose, qui sont les psychiatres, par qui ont-ils ont été agrées et pourquoi. Il faut déjà reconnaitre que la majeure partie des connaissances psychiatriques ont été découvertes aux dépens de l'individu et de la dignité de l'être humain. On peut notamment souligner les études et expériences opérées par les psychiatres pendant la guerre trente-neuf quarante-cinq, ou l'on infligea littéralement des tortures à des personnes déficientes ou non, afin de pouvoir observer leur réaction, et noter l'impact des électrochocs ; notamment sur le comportement d'un individu.

La célèbre propagande nazie elle-même n'aurait pu voir le jour sans cette connaissance basique déjà bien encrée de la psychologie coercitive. On peut voir aujourd'hui que ces moyens de propagande sont non seulement toujours utilisés, mais ont été en plus modernisés et deviennent ainsi plus efficace et moins flagrant.

En effet, les mêmes méthodes sont reconnaissables au travers des âges, le fait de répéter une affirmation, encore et encore, jusqu'à ce qu'elle devienne une réalité dans l'esprit de celui qui l'écoute. Étant donné que la psychiatrie existe depuis la renaissance et que le système éducatif est réputé pour être quasi immuable, la population est en droit de se demander ce que la psychiatrie et psychologie peut bien apporter à la société d'aujourd'hui. Que savent-ils des soucis contemporains auquel nous sommes brusquement soumis depuis la fin des années quatre-vingt-dix ?

Que connaissent-ils des nouvelles dépendances liées aux nouveaux médias tels qu'internet, les jeux d'argent en lignes, les rapports sociaux et amoureux qui peuvent s'entretenir à partir d'un média soi-disant virtuel. Que savent-ils des nouvelles formes de schizophrénie liés à l'utilisation prolongée des médias virtuels et autres réseau sociaux? Est-ce que cette fameuse « crise d'adolescence » existe-t-elle et ce manifeste-t-elle de la même manière qu'il y a cinquante ans ? Vien s'ajouter à cela le sujet principal de ce livre consacré à la Téléphasie.

Une grande partie d'individus qui peuplent cette planète n'a pas de soucis psychiatriques majeurs, et pourtant, beaucoup d'entre eux ne se sentent pas épanouis. Ils ne peuvent pas forcement mettre le doigt sur ce qui manque réellement à leur vie pour les rendre heureux, comblé, sur d'eux-mêmes, et à l'aise dans le monde qui les entoure. Ce mal vient encore une foi du déni de l'individualité considérant l'importance accordée au groupe. Les composantes du modèle social qui nous régissent ne sont visiblement pas adaptées à tous, et des individus sont incapables de s'imaginer faire carrière toute leur vie dans la même entreprise, alors que certains ont une peur bleue du changement. Le grand drame est que ni l'un ni l'autre n'aura finalement le choix de ses préférences. Ils vont se conformer à ce qu'il leur parait « faisable, raisonnable, envisageable ».

Toute notre vie, nous avons donc été conditionnés à penser dans une « boite de faisabilité ». Nous pensons à l'intérieur de cette boite en permanence, ce qui signifie que lorsque nous avons un problème, un dilemme ou même une réflexion existentielle, nous allons chercher des options disponibles à l'intérieur d'un espace restreint. Un des objectifs principaux de la Téléphasie est d'apprendre à sortir de cette « boite de faisabilité » pour aller chercher autre chose dans un espace infini. Cette boite est créée en nous très tôt, depuis le plus jeune âge, et il est beaucoup plus simple qu'on ne le pense de mettre des œillères à un être humain, surtout quand il est enfant, afin d'être sûr qu'il pense comme tout le monde et selon un certain standard. Dans les années clinquantes, ce standard qui était enseigné à l'école et portait le nom de morale.

La morale est un mot qui englobe plusieurs définitions possibles selon les individus. À la base, c'est un enseignement plutôt louable, qui explique à nos enfants que l'être humain n'agit pas uniquement en fonction de ce qu'il peut faire, d'un point de vue légal ou technique, mais plutôt qu'il doit se poser des questions sur ce qui est juste, honorable, et respectueux de la condition humaine. Le problème est que les morales enseignées sont plus proches des dogmes et des commandements religieux qu'un enseignement basé sur une réflexion, une compréhension, et un échange de nature existentiel. Ce que l'on essaie de transmettre à nos enfants comme étant une base d'éducation morale, va être bien souvent perçu par l'enfant comme une contrainte appliquée sans fondement, et va aussi restreindre et modifier le potentiel comportemental du futur adulte.

C'est le prix à payer pour s'assurer que les enfants grandissent en ayant appris les bases de la morale, de l'éducation et l'obéissance. Je ne tiens pas à engager une moralisation concernant l'éducation des enfants, mais plutôt expliquer les répercussions que va créer ce modèle d'éducation sur l'esprit d'un individu lorsqu'il atteint l'âge de maturité adulte. Voici quelques exemples de phrases, et les raisons pour lesquelles elles sont dogmatiques et restrictives.

-« **Ne fait pas ça, ça ne se fait pas !** »

Cette phrase est très souvent utilisée par les adultes pour appliquer une autorité sur les enfants et les contraindre à une obéissance aveugle et non réfléchie. On se rend compte que cette phrase n'a aucun sens puisque « ça ne se fait pas », n'est vrai que jusqu'à ce que « quelqu'un le fasse ». Il serait plus approprié, d'être objectif et d'énoncer clairement la problématique qui peut être d'ordre social, hygiénique, éducationnelle, etc. Il va de soi que dans la société dans laquelle on vit, il faut certaines fois transgresser les règles et les utiliser à notre avantage. Ainsi, très souvent les entreprises pratiquent ces transgressions, par exemple les publicitaires qui sont réputés pour parfois aller chercher la provocation ultime dans leurs spots publicitaires. Ces provocations sont parfois sexuelles, sociales ou même sexistes et racistes.

La polémique générée par ce type de communication plutôt original, permet de faire parler du produit ou du service à vendre, et le retour sur investissement compense l'entorse à la morale. Les auteurs de ces publicités sont reconnus comme étant des « fous de créativité », osant faire des choses que les autres ne font pas. C'est un peu dans cette philosophie de transgresser les règles, que les sportifs de haut niveau tentent sans cesse de battre des records, et de dépasser ce qui parait être la limite humaine ou biologique.

En définitive, dire à un enfant, ça ne se fait pas, veux dire que vous lui interdisez toute forme d'existence propre. Vous lui interdisez de s'affirmer, de créer, et d'être supérieur aux autres dans ce qu'il entreprend. En effet, le meilleur étudiant d'une promotion est celui qui arrive à faire ce que d'autres ne font pas, ou font moins bien que lui. Le sportif qui bas un record, va faire quelque chose que personne n'a jamais fait avant lui. L'entrepreneur qui va créer son entreprise, espère avoir un business plan assez personnalisé a sa situation pour que d'autre n'exploitent pas le même secteur aussi bien que lui. Le séducteur par exemple, qui va réussir à charmer une fille inaccessible en ayant une approche que d'autres n'ont jamais osé, et qui aura su faire la différence de par sa capacité à surprendre. Dire à un enfant « ça ne se fait pas », c'est lui retirer la possibilité d'être meilleur que les autres.

-« Parce que c'est comme ça !»
Par cette phrase, on apprend à l'enfant à se soumettre à une autorité aveugle, sens connaitre la raison, et sens pouvoir lui-même juger de la viabilité de cette raison. Il est pratique de pouvoir donner des ordres à un enfant sans que celui-ci

les questionne, cependant ce n'est peut-être pas le modèle d'éducation qui lui sera le plus profitable à l'âge adulte.

Le futur adulte ne se questionnera pas sur des concepts qui lui paraissent immuables. Cela peut devenir un problème, lorsque l'adulte sera confronté à des situations de challenge et de compétition, par exemple pour décrocher une promotion, argumenter face à un attaquant ou même comprendre une situation qui prend une mauvaise tournure pour l'intéressé.

Cette phrase force l'enfant à croire qu'il y a des situations immuables, des dogmes sacrés et secrets, des raisons que seul quelqu'un d'autre pourrait connaitre, et que bizarrement personne n'est en mesure d'expliquer. Elle lui force l'acceptation d'une justification divine et dont les voix sont impénétrables. Finalement, cette phrase que les parents disent à leurs enfants est probablement un reste de dogmatisme religieux. Si vous n'êtes pas religieux et que vous avez déjà prononcé cette phrase, alors posez-vous des questions sur votre capacité d'analyse. Je n'ai rien contre la religion et les religieux, mais il faut bien comprendre que les individus qui on grandit dans le dogmatisme, ne sont pas ceux qui réussissent leur vie, ne sont pas des inventeurs, et sont rarement ceux qui font avancer la société. Ce sont en général des gens qui vivent dans l'ombre de ceux qui réussissent, et se cachent derrière des alibis de « bonne morale ».

Les religieux prétendent être tournés vers des valeurs humaines importantes et cruciales pour la société, or, il n'a aucune notion de performance individuelle et collective dans leur parcours spirituel. Quelle société digne de ce nom ferai abstraction de la notion de performance ? Comment peut-on croire être sur le chemin de la vérité si l'on utilise un schéma non fonctionnel ? Ceux qui utilisent le dogme pour éduquer leurs enfants, ou qui ont été victimes d'éducation dogmatique ne peuvent répondre à ces questions. Ils n'ont pas de notion de performance individuelle puisqu'un individu ne peut pas réussir en étant régi par des opinions dogmatiques. Celui qui réussit c'est avant tout celui qui s'adapte. Celui qui s'adapte ne peut accepter de sacrifier l'idée de performance au profit de la croyance.

-« On ne tape pas les filles ! »

A-t-on donc le droit de taper les garçons, ou les animaux par exemple ? Est-il interdit de taper les filles, ou de taper un individu qui ne le mérite pas? Il serait plus approprié de dire qu'il ne faut pas abuser de la faiblesse d'autrui. Réserver ce dogme à la gent féminine, c'est considérer la femme comme un être dénué d'existence propre. En effet, il semble normal qu'un individu puisse se défendre d'un autre individu agressif, quel que soit le sexe de celui-ci. Cette phrase dogmatique insinue que la femme n'a pas de caractère propre à par la faiblesse de son sexe, ce qui lui confère une passivité systématique.

Vous conviendrez que c'est faux, une femme peut être agressive, dangereuse, et nuisible. Considérer la gent féminine comme une et indivisible est profondément rétrograde et discriminatif. Les femmes sont des individus uniques en leur genre tout comme les hommes, et doivent être considérées comme telles. Vous remarquerez d'ailleurs que ce dogme n'est enseigné qu'aux garçons. En effet, il paraîtrait un peu bête de dire à une fille « on ne tape pas les filles », ce qui reviendrai à dire, tu n'as pas le droit de te défendre. En revanche, il parait normal qu'un garçon doive respecter un adage sans justification logique, même lorsque son intégrité physique est en danger. C'est donc un enseignement sexiste et dogmatique. La France ayant été bâtie sur les bases du catholicisme si l'on en croit les historiens, il est très logique que les expressions populaires soient issues de la religion. Néanmoins, la plupart des morales et textes religieux sont aujourd'hui devenus obsolètes, inappropriés, et leur seule capacité de survie tient au fait de l'ancienneté et de la sacralisation de ses religions.

J'ai l'intime conviction que nous sommes arrivés à un tournant de l'histoire, dans lequel la population va être progressivement amené à comprendre que la religion ne peut plus occuper la même place dans la société qu'elle a eue jusqu'à présent, et qu'il va falloir a un moment donné, passer a quelque chose de différent. Je tiens à être clair sur le fait que je ne remets pas en cause l'utilité spirituelle de la religion, néanmoins, j'y soustrais le caractère sacré et cette prétention d'utilité publique des codes religieux.

La religion telle qu'elle est vécue aujourd'hui est plutôt un facteur de guerre et de division que ce qu'elle a pu être auparavant. La religion d'aujourd'hui est non seulement ignorante et obsolète, elle est en plus devenue nuisible à la cohésion sociale. Il semblerait que notre aire soit mure à l'apparition d'une nouvelle forme de spiritualité qui ne fonctionnerait pas sur des bases obsolètes et dogmatiques, et qui épouserai un nouvel ordre de valeurs, plus approprie a notre époque.

-« Il faut travailler dur pour réussir dans la vie ! »

La dureté du travail est 'elle toujours proportionnelle à la rémunération ? Pas sure que les ouvriers des usines françaises, qui détruisent leur corps et leur mental pour le salaire minimum chaque mois ne sois d'accord avec cette théorie.

Tout cela peut paraitre bien évident, et pourtant, même chez la population adulte, nous retrouvons des individus toujours attachés à ces principes faux et infondés. De plus, nous allons en tant qu'adultes, utiliser ses phrases dogmatiques comme étant la base de l'éducation, et ainsi, nous générons énormément d'A.N.I chez les enfants, et dès le début de leur éducation. Pour que vous puissiez comprendre l'impact global que peut avoir cette idée dogmatique chez un enfant qui se développe, je vous propose un regard très simple sur nos comportements sociaux.

Ces dogmes sont un conditionnement de la culture perdante qui va laisser des traces, et dont il va falloir être capable de se débarrasser complètement, afin de pouvoir exister. Il a autant de versions différentes de la morale enseignée à travers le monde que de religions. Pourtant tous les hommes ne devraient-ils pas se fier à la même morale ? Au même dieu ? Chaque système adapte la morale à son avantage.

Ainsi, dans certains pays il est moral de battre la femme qui vous aura trompé, mais il vous sera interdit de boire de l'alcool. Alors que dans d'autres vous aurez tout le loisir de « corriger » vos enfants, mais une menace portée sur votre femme peut vous conduire en prison.

Cela signifie donc que la moralité n'est qu'une question de perception en faveur du milieu social dans lequel vous vivez. Ce qui revient à constater qu'il n'existe aucune morale universelle à proprement parler, et que la bonne morale sera celle qui sera appliquée par le pouvoir en place. Ce qui nous amène à nous poser la question de savoir s'il existe réellement une morale, et si oui, laquelle est la plus viable, la plus réaliste vis-à-vis de l'attente que l'on puisse avoir de la société et de notre vie en commun avec nos semblables. Quel rapport avec la Téléphasie ?

Elle est une approche brutale des réalités existentielles de l'homme. Apprendre à comprendre. Comprendre la maitrise, maitriser, ressentir. N'avez-vous jamais fait le cauchemar d'être dans un endroit hostile, de voir une menace imminente se porter à votre vie, et lorsque vous essayez de hurler pour alerter un proche, qui aurait la possibilité de vous protéger, aucun son ne sort de votre bouche. Vous hurlez de plus belle, toujours rien. Vous voyez votre seul espoir s'éloigner de vous, ignorant totalement l'état de détresse dans lequel vous vous trouvez. Ce rêve symbolise vos craintes. Ne pas être entendu lorsque vous en avez besoin, ou ne pas être compris, peur d'être seul, de ne pas être aimé, de ne pas exister, de devoir partir avant d'avoir tout dis. Toutes ces peurs sont enfouies à l'intérieur, dans l'ES, dans le subconscient réactif qui va tant bien que mal essayer de protéger l'ES de toutes ces appréhensions. Malheureusement, cette partie de notre subconscient qui a tendance à nous surprotéger va devenir totalitaire et empêcher l'esprit constructif de faire évoluer le potentiel d'existence de l'individu.

La Téléphasie, par ces exercices particuliers de développement personnel et sensoriels, méthode développée très récemment et déjà en très forte tendance notamment aux USA, a démontré son efficacité dans la possibilité d'écraser totalement l'esprit réactif et de laisser place à l'esprit constructif. Celui-là même qui nous donne de l'ambition, du désir. Fonder une famille, construire sa carrière avec dynamisme et succès, cultiver charisme et leadership social, être apprécié des autres et pouvoir les apprécier à leur juste valeur. L'esprit créatif de l'homme est embué par des peurs sans fondements qui ont été encrées en nous à notre insu.

La peur de la défaite sociale à cause d'une originalité qui nous différencie des autres, la compétition intra familiale, la peur de la différence, la recherche perpétuelle de la stabilité qui rassure mais enferme dans la routine. Il y a aussi les difficultés naturelles propres à chaque individu, et certaines personnes en échec scolaire dans leur jeunesse ont par la suite beaucoup de mal à retrouver une confiance en soi qui permet d'accepter la compétition au sein d'un groupe. Un ancien mauvais élève a forcément eu des accrochages avec l'autorité représentée par le système éducatif. Ce système ne permet pas, ou du moins n'accepte pas l'échec. L'échec d'un élève représente l'échec d'une institution à enseigner, à transmettre, à accepter la différence.

L'élève est systématiquement retranché dans un camp dès son entrée dans ce système. Il y a les bons, les moyens, les cancres. Le système est standardisé, et est érigé en référence différentielle. Si vous êtes loin des attentes du système, ce dernier étant la référence, alors vous êtes « derrière, à la traine », en position de faiblesse. Vient ensuite le moment du diagnostic. Souvent contradictoire selon les juges qui vous examinent, vous êtes tour à tour un cancre, un surdoué, un jeune en crise d'adolescence, un autiste, une tête en l'air, un génie, un rebelle, un incompris, un talent caché et non révélé, un délinquant, un nihiliste, une réincarnation de bouddha.

Le système psychiatrique est basé sur les mêmes fondements et approches méthodiques, puisque gérés par les mêmes marionnettistes, producteurs et décorateurs du spectacle de notre vie, en nous laissant parfois une impression d'impuissance et de résignation alors que nous sommes en fait le premier rôle dans ce film pas encore écrit.

La Téléphasie, contrairement à la psychologie, ne se présente pas dans une optique de domination de l'individu. Le patient qui va consulter un psychologue essaie de se faire soigner d'un mal dont il ignore la provenance dans la plupart des cas, et reconnaît au psychologue le pouvoir divin de connaitre un inconnu mieux qu'il ne se connaît lui-même, ce qui est incroyablement prétentieux et improbable.

Cette théorie n'a pas plus de cohérence que de reconnaitre au chamanisme, le pouvoir de guérir sans toucher. L'esprit réactif est un coffre-fort dont seul l'individu qui en est le propriétaire possède la clef. Lorsque le psychologue prétend pouvoir deviner ce qu'il y a à l'intérieur de votre coffre, ils font omission de votre être, de votre existence, de votre particularité qui fait que vous êtes unique parmi des milliards d'êtres humains. Ils vont chercher dans leurs expériences du passé, les réponses dont vous avez besoin pour votre future, ce qui est inadapté à une évolution relative.

La Téléphasie, elle, ne s'intéresse pas au contenu de votre coffre, qui est bien trop précieux et intime pour être exhibé ainsi, mais plutôt à la clef. La clef qui vous permettra d'ouvrir votre propre coffre-fort et en tirer parti de la meilleure façon qu'il peut être pour vous. A titre d'exemple simplifié, si vous perdez votre télécommande dans le canapé, en tant que Téléphasiste, je ne peux prédire quelle sera le programme qui vous plaira le plus lors que vous aurez réussi à la retrouver; mais je vous aiderais à la chercher, et lorsque nous l'aurons retrouvé, vous aurez alors le choix de sélectionner le programme qui vous conviendra. Je m'autorise à résumer cette approche par le proverbe qui dit qu'il vaut mieux apprendre à pêcher à un homme qui a faim, plutôt que de lui donner du poisson.

Grâce à cette approche du cas-part-cas, j'ai pu à juste titre, standardiser une méthodologie d'épanouissement personnel et de développement des capacités cérébrale. La bonne nouvelle est que cet apprentissage se fait par interaction permanente avec l'esprit subconscient et le conscient. Ce qui signifie que les exercices sont d'une simplicité enfantine et donc accessibles à tous, et procurent même dès les premières sessions un ressenti de bien-être et de légèreté, comparable aux sensations que l'on ressent après avoir pris une bonne douche chaude. Les exercices de Téléphasie sont au cerveau et à l'esprit ce que la musculation est au sportif de haut niveau.

Quel que soit le sport pratiqué (tennis, football, rugby, art martial), les pratiquants d'un certain niveau ont toujours des séances de musculation à leur programme d'entrainement. Ils cultivent tous une même aptitude de départ qu'ils vont ensuite utiliser chacun de manière différente, en cohérence avec leur discipline.

Ces séances qui vont raffermir leur corps, leur apporter de l'endurance et une meilleure résistance globale, vont amener le sportif à cette sensation de bien-être dans son corps lors de ces déplacements, de la vivacité et explosivité qui va influencer positivement sur son moral pendant la compétition.

La Téléphasie va apporter de la même manière, une plus grande confiance en soi au pratiquant, un bien-être, et une puissante réactivité mentale qui vont lui permettre de recevoir avec sérénité les révélations sur lui-même et sur l'homme en général. Certaines personnes, qui ne se sentent pas en manque réponses, sont souvent des personnes résignées ou peu curieuses de leur propre univers. Personne n'est plus aveugle que celui qui ne veut pas voir, et celui qui ne veut pas voir a souvent une raison de faire l'autruche. Beaucoup pensent que la passivité est plus facile que la réaction. C'est une fausse idée. Ne pas comprendre et réagir, c'est subir. Il n'est pas plus facile de subir par l'inertie que de prendre les devants.

Un boxeur qui prend des coups en restant passif, dépense beaucoup plus d'énergie à les encaisser et rester debout, que celui qui frappe.

L'étude de la Téléphasie en binôme

Le parcours d'apprentissage initial de la Téléphasie se déroule en binôme. Le programme R.E.C (programme issu de la Téléphasie) est un programme de développement personnel. Le spectre couvert est si large que ce dénominatif me parait quelque peu réducteur, néanmoins il faut bien pouvoir nommer un concept et le définir un minimum pour pouvoir l'appréhender. La Téléphasie est l'étude approfondie de l'interaction intra-personnelle, sociale et existentielle. Presque tous les domaines applicatifs des technologies existantes ont été mis à disposition des étudiants sous forme de schématiques fonctionnelles. Ainsi, l'homme peut enseigner à l'homme des sciences et des gestes d'une complexité extrême. Nous pouvons enseigner ou apprendre les mathématiques, la médecine, l'aéronautique, la conjugaison des verbes, la cuisine, et même des domaines artistiques. Si l'accès à la maitrise de ces savoirs nous est possible, c'est parce que ces sciences nous ont été mises à disposition sous forme de schéma applicatif, défini et fonctionnel. Dans le même esprit de mise en schéma de la maitrise, après avoir découvert l'électricité certains se sont penchés à « l'étude de l'étude », et ont permis à d'autres d'apprendre à maitriser un ensemble de variables de ce domaine. Prenons un point de comparaison avec le monde de l'entreprise. Imaginez-vous à la tête d'une entreprise florissante, vous avez travaillé très dur pour mettre en œuvre cette affaire qui marche, et vous voudriez recruter un gérant pour en prendre la direction. Accepteriez-vous de confier la gestion de votre entreprise à un individu qui n'a absolument aucune expérience dans le domaine ?

Bien sûr que non, trop risqué. Vous préféreriez évidemment confier la gestion de votre société à quelqu'un qui a étudié ce domaine (pourquoi pas en école de management, ou une formation professionnelle spécifique), et qui sera capable d'avancer en territoire inconnu avec une stratégie travaillée.

Pourquoi ? Parce que vous êtes bien évidemment conscient de la difficulté que représente la gestion d'une entreprise. Il faut être capable de gérer les finances, savoir évaluer les situations économiques correctement, réduire les couts de fonctionnement, savoir estimer le risque d'un investissement, être capable de gérer les employés ainsi que le parc de matériel, être en mesure de gérer l'image de votre société, la communication publique et j'en passe. De plus, un seul homme ne pouvant exceller dans tous ces domaines, une société sera toujours composée de plusieurs services compartimentés, qui vont chacun être affectés à des tâches différentes.

En définitive, nous comprenons qu'il est extrêmement difficile pour une personne seule de maitriser efficacement toutes ces variables. Pourtant, la vie d'un être humain en comprend beaucoup plus à gérer que ce qu'il est nécessaire de faire pour faire fonctionner une entreprise, et nous sommes propulsés à la gestion exclusive de notre vie dès l'âge adulte. Sans préparation, sans aucune idée de ce que nous allons devoir affronter, sans aucune base concrète du « schéma fonctionnel de la vie ».

La Téléphasie est la mise en forme de cette compréhension fonctionnelle et scientifique de la vie, basée sur la mécanique systémique « E.M.A.S.T », dont je parlerais plus tard.

Il m'a paru très important de ne pas délivrer cette méthodologie de manière littéraire, mais plutôt sensorielle. Notre esprit réactif est tellement bien ancré au centre de nos actes et de nos pensées, que nous ne sommes malheureusement pas en mesure de comprendre tous les concepts valides de l'univers. Si croire aux fantômes fait sourire alors que nous ne savons même pas ce qu'il y a après la mort, cela démontre bien l'arrogance dont nous pouvons faire preuve dans l'ignorance.

Je n'affirme pas que les fantômes à proprement parler existent, ou qu'il faut y croire, je note juste que nous trouvons absurdes des idées dont nous ne sommes pas capables d'analyser le contexte. C'est pourquoi j'ai perfectionné un type d'approche de la Téléphasie basé sur l'expérience spirituelle, existentielle et sensorielle. Il ne s'agit pas d'apprendre des livres par cœur, mais de suivre des exercices en binôme selon un schéma fonctionnel détaillé et simple. Le binôme (Processeur-Récepteur) va passer à travers la pratique de différents exercices qui auront chacun pour but de le préparer à l'exercice suivant.

Les premiers exercices sont d'une simplicité enfantine et servent à préparer les zones cérébrales particulières que nous allons solliciter dans nos activités Téléphasiques. Les exercices suivants prépareront le binôme à une forme de mémorisation particulière, à la communication, la maitrise des émotions, et à entrer un état de concentration proche de la méditation dans lequel nous pratiquons un exercice nommé la CA, mais j'y reviendrais plus tard.

Dans les premiers niveaux d'apprentissage, nous travaillons tout d'abord sur les qualités humaines qui vont permettre au Téléphasiste de voir une différence notable dans sa vie, et l'aider dans sa capacité intellectuelle et philosophique à pouvoir comprendre des concepts EMAST assez sophistiqués. Ainsi, dès les premières semaines de pratique, le binôme va ressentir une plus grande complicité, une capacité personnelle à contrôler ses émotions, et une amélioration de leur mode de communication verbale et non verbale. Cet apprentissage va commencer par le développement de toutes les formes de perception interne, et de contrôle de soi. Pendant l'exécution de ces modules, le Processeur va constamment monitorer le Récepteur sur ses émotions, et ce qu'il ressent de manière générale. Ce processus se déroule par des exercices relationnels qui consistent dans un premier temps à éradiquer les ANI (Ancrages Négatifs Inconscient) principaux du Récepteur, et faire ce qu'on appelle un « Opening ». C'est le premier niveau de préparation, durant lequel le Processeur va aider son Récepteur à se libérer de ses ANI, pour ensuite évoluer dans son programme de développement personnel.

Un grand principe du coaching en développement personnel, est de comprendre à quel point un individu est dirigé par son esprit réactif plutôt que par sa créativité libre. Je dis libre, parce que les barrières inconscientes qui créent nos ANI vont bien souvent nous mener à des schémas de réflexion beaucoup plus restreints que ce que nous serions réellement capables de produire, si nous n'étions pas sous l'influence de nos expériences du passé.

La règle d'or de la Téléphasie est de créer un « pont de communication direct » entre le conscient et le subconscient d'un individu. En effet, il s'agit d'utiliser les ressources du subconscient comme une entité à part entière, capable de réfléchir de par elle-même, et surtout de nous aider dans tous les contextes de réflexion, lorsque nous en avons besoin. Certaines personnes connaissent déjà des méthodologies de dialogue interne, cependant je peux affirmer sans retenue que la Téléphasie apporte la meilleure interaction possible avec nos différents ES, nos différentes couches de réflexion, qu'elles soient conscientes ou subconscientes. D'ailleurs, il me semble être le moment approprié pour introduire une notion de définition et de clarification concernant le conscient, le subconscient et l'inconscient.

Le conscient est la partie de votre esprit qui héberge l'ensemble des processus mentaux qui se déroulent à l'intérieur de votre mécanique interne, et qui sont accessibles à votre perception. Le subconscient est l'inverse, la partie de votre esprit qui gère l'ensemble des processus mentaux qui échappent à votre contrôle conscient. L'inconscient est le résultat d'un processus subconscient ou conscient, qui n'est pas accessible à votre perception.

Par exemple, un « inconscient » qui roule en moto sans casque est tout à fait lucide dans le risque qu'il prend, c'est-à-dire que cette initiative risquée qui émane de son esprit conscient est accessible à sa perception. Un processus inconscient peut bien sûr provenir de votre subconscient. Par exemple, vos ANI vous poussent à être méfiant dans vos relations amoureuses, et vous adoptez un comportement jaloux et possessif à l'égard de votre partenaire, et ce, de manière totalement inconsciente. Si l'on poursuit le dernier exemple, on peut imaginer que cette femme ou cet homme jaloux, après en avoir discuté avec son partenaire, se rend compte de son comportement et pourtant n'arrive toujours pas à le corriger. On va pouvoir dire à ce moment-là qu'il est conscient de son processus subconscient. Il comprend qu'il agit de manière jalouse et maladive, il en est donc conscient, néanmoins se processus est généré par son subconscient et il n'arrive donc pas à corriger sont comportement.

Après avoir suivi le programme de Téléphasie, cette personne maladivement jalouse aura été capable de comprendre pourquoi elle était jalouse, à quels événements du passé ces ANI sont reliés, et comment les éradiquer. On peut comprendre par ce genre d'analyse qu'il y a un réel dialogue communicatif interne à l'intérieur d'un individu entre son conscient et son subconscient. Les ES (Esprit Spirituel) sont également une couche comportementale, qui celle-ci peut être facilement contrôlée. Je vous ai parlé des ES dans les chapitres précédant, ils sont une couche d'interaction mentale qui s'ajoute aux processus conscients, inconscients, et subconscients.

En Téléphasie, on utilise nos ES comme véhicule de communication conscient avec le subconscient. Je pense que vous devez déjà être familiers avec les ES, qui comme je vous l'ai expliqué précédemment sont ces voix que nous somme capable de générer dans notre intérieur lorsque nous réfléchissons ou lorsque nous lisons par exemple. Imaginez-vous en train de discuter avec un parent, simulez cette discussion à l'intérieur de vous-même. La voix que vous entendez est votre ES qui prend le rôle de cet interlocuteur imaginaire. L'intérêt de ce genre d'exercices de visualisation, c'est d'apprendre a un ES à devenir indépendant en se rattachant au subconscient et non plus au conscient. De cette manière-là, vous serez ensuite capable de parler consciemment à votre subconscient.

N'est-ce pas formidable et incroyable? D'avoir un accès direct au coffre-fort qui renferme tous les secrets de notre personnalité et de notre psyché, et de pouvoir interagir avec sur le plan conscient ? C'est en cela que la Téléphasie est une méthode unique de développement personnel qui utilise toutes les tendances et faiblesses négatives de l'esprit dans un but positif de construction personnelle. C'est ainsi que lorsque vous maitrisez cette technique (bypasser votre ES de sa fonction première afin d'interagir avec votre subconscient), vous pouvez « demander » des services à votre esprit et à votre corps. Dans un premier temps, et pour arriver à cette aptitude, il faut passer par une première phase qui s'appelle le « Split ». À ce moment-là, on permet à un

Récepteur de détourner la fonction première d'un ES et de le re-router en accès direct vers le subconscient, ce qu'on appel le « Dual-Channel Thinking ». Toute personne qui connait les ressources que renferme le subconscient comprend l'avantage immense d'une aptitude à cette communication directe.

La troisième étape est de pouvoir ensuite utiliser le subconscient pour interagir avec le corps. Pour ceux qui ne le savent pas, votre subconscient a une capacité de contrôle presque sans limites sur votre physique. J'ai déjà dû vous en parler précédemment, mais beaucoup de maladies très graves sont déclenchées par le subconscient, et peuvent être guéries par également par ce dernier. Je pense notamment aux maladies liés directement au stress et/ou au malheur et à la tristesse. Par exemple le psoriasis, maladie de peau générée par le stress et incurable par des médicaments tel que les pommades et autres remèdes sensés soulager les démangeaisons, et les pelures que cause cette maladie en surface de la peau.

Cette maladie est générée par le subconscient, et peut entièrement et définitivement disparaitre par l'action du subconscient. J'ai déjà guéri des cas de psoriasis, et de manière définitive uniquement par des sessions classiques de processing de niveau un. Les ulcères à l'estomac sont de même nature. Généré par une pauvre qualité de vie au quotidien ou par un choc émotionnel en particulier, votre estomac peut souffrir de dégâts collatéraux directement liés au stress. Certains cancers également, peuvent apparaitre comme par coïncidence en réponse biologique à des événements particulièrement stressants ou malheureux. Je pense notamment à la perte d'un être cher, ou un phénomène moins connu mais tout aussi courant qu'est la désillusion.

Lorsqu'un individu prend de l'âge et qu'il perd de son énergie naturelle, qu'il commence à faiblir subissant le temps qui passe, il arrive parfois qu'il se rende compte brutalement qu'il n'a pas eu la vie qu'il aurait désiré mener, et pire encore, qu'il n'aura probablement plus l'occasion, ni le temps ni la volonté de pouvoir y changer quelque chose. C'est dans ce contexte là que la dépression peut s'abattre sur un individu et foudroyer son subconscient de négativité. C'est ainsi que certaines personnes sont anéanties par la maladie en quelques années seulement.

À l'inverse, certains on réussit à venir à bout de multiples cancers grâce à leur force mentale. Je pense notamment a un kayakiste professionnel qui continua de pratiquer pendant sa maladie, qui ne cessa de croire à la guérison, stoppa sont traitement et fini par guérir définitivement. Je pense avoir cité des exemples assez lourds de conséquences pour que vous puissiez comprendre à quel point votre subconscient conditionne votre santé physique et mentale. Pour en revenir à la Téléphasie et cette interaction qu'apprennent les Récepteurs, la troisième étape est donc de se servir de son ES en Dual-Channel Thinking pour communiquer avec son corps.

Je suis bien en train d'écrire que nous pouvons interagir, communiquer consciemment avec notre corps. Par le même biais détourné que nous utilisons l'ES pour communiquer en direct avec notre subconscient, nous pouvons ensuite utiliser le même procéder pour ordonner au subconscient qu'il relaie une requête directement au corps. Pour citer quelques exemples simples et volontairement réducteurs, on peut combattre la douleur en demandant à notre corps de l'ignorer.

Vous pouvez soulager une migraine, une rage de dents, un ongle incarné, une inflammation, un choc, une brulure, ou n'importe quelle autre source de douleur, et ce, de manière pratiquement instantanée en communiquant avec votre ES qui communique a votre subconscient, qui lui-même communique en direct avec votre corps et votre mécanique biologie. Mais il n'y a pas que le contrôle de la douleur. Vous contrôlez également votre biologie, vous pouvez instaurer tous les jours ce dialogue de manière proactive, et ainsi demander à votre corps de mieux réguler ses mécanismes internes.

Vous pouvez faire en sorte que votre cœur batte de manière régulière et moins saccadée, vous pouvez résoudre des problèmes de sommeil ou de terreurs nocturnes, et même faire diminuer la fièvre. Tout ce fait par le même procédé de communication en utilisant un ou plusieurs ES. Vous pouvez également demander de l'aide à votre subconscient pour vous aider à régler des problèmes de la vie de tous les jours. Vous avez le trac à l'idée de passer un entretien d'embauche, ou la première rencontre avec une fille qui vous intéresse vraiment, vous avez peur de ne pas savoir quoi dire, ou de ne pas être sur de vous ? Il vous suffit de demander à votre subconscient de vous aider au moment venu.

Il n'est même pas nécessaire de lui « donner des instructions », il vous suffit de lui demander de l'aide à une heure précise pour une tache en particulier et il sera programmé pour vous aider à faire ce que vous lui avez demandé. Il n'est pas nécessaire de lui donner des directives précises, votre subconscient est de toute manière plus intelligent que vous. Tout ce que vous pourriez lui donner comme instruction serait superflu et inutile. Expliquez-lui la situation en lui laissant savoir ce que vous attendez de lui.

Par exemple, un étudiant français qui doit passer un examen oral en anglais. Il sait parler anglais, pas forcément couramment mais suffisamment pour tenir une conversation soutenue. Pourtant, il sait que chez lui le stress est générateur de doutes, et qu'il risque d'en oublier son anglais. Il lui est également arrivé d'avoir des trous de mémoire qui l'empêchent catégoriquement de continuer son exercice, et donc le disqualifient d'office malgré son niveau très respectable. Cet étudiant pourrait utiliser la méthodologie du Dual-Channel Thinking et demander à sont subconscient de l'aider durant l'exercice, de faire en sorte que ses paroles soient fluides, que ses idées soient spontanées, et que le stress n'ait aucun impact négatif sur sa prestation orale.

L'exercice de préparation ne demande que quelques minutes à un Téléphasiste, et le subconscient s'occupe du reste. L'étudiant en question se sentirai capable de passer son examen, trouverait spontanément des phrases internes pour se rassurer et s'encourager (avec l'aide de ses ES), et trouverai naturellement les ressources nécessaires au succès de son exercice. Ces deux étapes se rendent possibles par des exercices qui sont pratiqués en sessions binôme avec un Processeur qualifié et un Récepteur. Les exercices sont standards et a exécuter selon un procédé simple, décrit par une chronologie et une manière de procéder.

Malgré cette approche systématique et disciplinaire, le Processeur est un individu sensible, entrainé, perceptif, qui va utiliser ce qu'il a appris au cours de sa formation pour aider le Récepteur à détecter ses ANI. Lors de ces sessions, le Processeur aide son binôme à creuser en profondeur, et à regarder ses ANI d'une manière plus proche de la réalité. Cette session n'est pas de l'écoute passive freudienne et est conduite par un processus systématique. L'écoute active du Processeur, son expérience en profiling, et le processus de recherche des ANI principaux sont les premiers éléments qui vont mener le Récepteur à un aperçu presque immédiat des bénéfices de la Téléphasie.

Bien souvent, les progrès sont même beaucoup plus rapides (proportionnellement) en tout début de programme, que vers la fin. Le différentiel entre l'individu qui vient pour la première fois, et celui qui a déjà éradiqué ces ANI principaux est énorme. Certaines personnes très timides ou ayant des soucis de communication, se verrons presque totalement transformés en quelques semaines, et serons capables d'utiliser des mots, des gestuelles, des postures et des idées beaucoup plus appropriés aux situations improvisées de leur vie.

Lorsque le binôme est arrivé au bout de son programme préliminaire, les différences avant-après sont marquantes, et le Téléphasiste peut alors commencer à découvrir le système EMAST. Le programme de développement personnel en Téléphasie (R.E.C), qui signifie Recherche, Eradication, Construction (des Ancrages Négatifs

Inconscients) se déroule en trois étapes. Le Processing de premier niveau prépare le Récepteur à son programme, en recherchant les ANI principaux. Le processing se déroule en binôme, un Processeur qui guide le Récepteur à travers les exercices contextuels du programme. L'ensemble du processus et son succès dépendent de l'interaction entre le Processeur et son Récepteur, ainsi que de la rigueur de délivrance et d'exécution de la methode.

Pourtant, les exercices et modules n'en sont pas plus compliqués qu'une simple interaction verbale, et l'effort demandé en comparaison de l'impact positif sur le cognitif et le mental de manière plus générale est dérisoire. Le Récepteur n'a pas besoin de prendre de notes, ou d'appuyer une réflexion sur un sujet donné, il lui suffit de suivre les instructions du Processeur au fur et à mesure de l'exercice. Au cours du Processing de premier niveau, le Processeur va porter son attention sur les ANI principaux de son binôme, et va l'aider à une préparation efficace qui lui permettra de les éradiquer.

Ce premier niveau est validé par différents tests de personnalité qui servent à mesurer l'impact positif des sessions sur le Récepteur, notamment sur ses émotions, sa capacité de réflexion et la compréhension qu'il peut avoir de l'origine de ses ANI. Cette vérification permet au binôme de valider par des schémas graphiques, le succès de leur premier niveau de Processing. Lorsque des progrès significatifs ont pu être constatés par graphique et par validation du Récepteur, le binôme peut démarrer des sessions de niveau deux. Le Récepteur va en général valider les données constatables sur graphique par une d'amélioration autour de certains aspects de sa personnalité, telle que les relations sociales, la confiance en soit, l'insensibilité au stress, de meilleures aptitudes de communication ou d'autres aspects de sa personnalité pour lesquelles le Récepteur est venu s'inscrire au programme de Téléphasie.

Le Processing de niveau deux comprend toujours des exercices de désencrage des ANI, et il comprend également des exercices de préparation au « Split ». Par préparation, je veux vous expliquer et je pense que vous l'aurez compris, que chaque niveau requiert une disponibilité mentale bien particulière. Ainsi, si vous faites du théâtre et avez l'habitude devoir apprendre des textes par cœur, votre esprit est conditionné a pouvoir mémoriser de manière beaucoup plus efficace que quelqu'un d'autre. Pour la simple raison que vous êtes habitué à cette gymnastique mentale, pour laquelle votre cerveau ressent une aisance particulière.

C'est exactement cet état d'aisance cérébrale que le Processeur doit apporter à son Récepteur, par les modules de niveau un et deux. Rien avoir avec une capacité de mémorisation, mais il s'agit d'entrainer l'esprit du récepteur et pouvoir l'amener à une aisance d'exécution qui le fait progresser rapidement. Le troisième niveau est l'apprentissage de la mise en application des méthodologies de bases de la Téléphasie. Le Récepteur effectue des exercices de mise en application du Dual-Channel Thinking (DCT), il apprend ainsi à s'adresser directement à son subconscient, et comprendre comment il peut mettre à profit ses nouvelles aptitudes personnelles.

Le troisième niveau est en quelque sorte le centre de gravité du parcours d'un Téléphasiste. À partir de ce niveau, il ressent ce qu'est la Téléphasie et a déjà opéré d'énormes proprets en lui, grâce à la suppression des ANI principaux et a l'utilisation du DCT.

Néanmoins, cette pratique à elle seule n'est pas suffisante pour pouvoir comprendre le système EMAST et donc utiliser la Téléphasie dans sa forme la plus complète, et la plus efficace. En effet, la Téléphasie n'est pas uniquement l'étude de soi-même, et l'intra-communication. C'est aussi une science de compréhension des interactions sociales systémiques et des lois d'interaction universelles. Cet apprentissage, au-delà du niveau trois s'effectue toujours en binôme, et toujours dans une optique de sensation plutôt que de compréhension et d'analyse. Dans le parcours de Téléphasie, il y a huit niveaux de perfectionnement personnel au-delà du Processing de troisième niveau, et chaque niveau aborde les modules indispensables à la progression d'un Téléphasiste à l'échelon le plus haut de la maitrise de cette science universelle.

L'esprit réactif contre l'esprit constructif

Tout au long de notre vie, nous recevons des informations sous forme de données. Des images, des sons, des saveurs, odeurs, sensations, sentiments de peur, joie, haine…
Toutes ces données sont enregistrées passivement par notre subconscient qui note absolument tout, utilisant les capacités infinies du cerveau à mémoriser et stocker toutes

ces expériences qui lui serviront plus tard à renforcer ces capacités analytiques. Ainsi, par instinct de survie, dans chaque situation de décision, même anodine, votre cerveau va être guidé dans ces choix par ses expériences du passé.

A titre d'exemple, si étant jeune vous aviez été mordu par un chien dans un endroit qui sent fort la lavande, il se pourrait que des années après cette odeur provoque en vous une certaine anxiété ou une sensation de mal-être inexpliqué. Cette compréhension de l'esprit réactif est aussi une approche d'un des nombreux domaines de la PNL. Ainsi, il a été démontré que l'esprit humain mémorise énormément de séquences, qu'il relie directement avec les sensations cognitives. L'anecdote de la morsure de chien est un exemple assez évident et qui visiblement ne causerait pas énormément de trouble à la personne sujette à ce symptôme. Mais ce n'est malheureusement pas aussi simple pour la plupart des cas, de pouvoir comprendre ces décisions ou sensations réactives, mais surtout de connaitre leur portée exacte sur notre vie de tous les jours et les décisions que nous sommes amenés à prendre. Ce qui rend l'esprit réactif si gangréneux pour l'esprit constructif, c'est qu'il est très difficile, voire impossible, d'en connaitre réellement les tenants et aboutissants par des méthodes de développement personnel et thérapies classiques. Chercher à débusquer cet esprit réactif par un entretien classique serait une perte de temps. Dans cette approche, le Téléphasiste est conscient qu'il a en lui, comme n'importe quel être humain, les barrières inconscientes que lui impose son esprit réactif dont il doit se libérer de l'influence négative.

Ce qui fait l'immense succès de cette méthode parmi les individus qui s'y sont essayés est probablement le fait que la Téléphasie contrairement à la psychologie ne cherche pas « Le » point noir, « La » solution. Elle permet plutôt de comprendre la multitude de raisons pour lesquelles notre esprit réactif existe, et de comprendre une méthode standard qui permet à tout à chacun de faire son introspection et de créer un vide qui va ensuite être comblé par des exercices visant à modeler l'esprit constructif. L'avantage d'une manière plus saine d'aborder son ES, est de pouvoir proposer un chemin qui peut être parcouru par n'importe quelle personne qui le désire, et qui se sent prête à en découvrir beaucoup plus sur elle-même.

Par cette pratique intra-personelle, nous nous appliquons sur le principe de l'homme à qui l'on apprend à pêcher pour ne plus avoir à lui donner de poisson et l'on permet au

Téléphasiste de devenir son propre coach existentiel à l'apogée de son apprentissage.

Je me permets de relever le fait que de nombreux psychologues et même psychiatres ne contestent pas que « Les » solutions se trouvent bien souvent à l'intérieur même de chaque individu. Leur approche par contre, est bien plus totalitaire et prétentieuse. Il s'agirait en effet d'être celui (en tant que psychologue) qui trouvera ou ne trouvera pas « La » solution. Ce qui résultera de l'utilité ou non pour le sujet, d'avoir été consulté. Le problème de cette approche est que le patient prend le risque de passer de nombreuses années à chercher la solution, sans pour autant que le praticien ne puisse encrer une méthodologie chez le sujet. Si la solution n'est pas trouvée, le sujet aura perdu du temps et de l'argent. Il aura parlé de nombreuses heures a sont psychologue, sens avoir appris lui-même à utiliser ce contenu pour son introspection et devra repartir de zéro avec une autre méthodologie.

La Téléphasie au contraire, va orienter petit à petit la vision du sujet vers son intérieur, et en faire un acteur principal de son développement personnel. Ainsi, la méthodologie n'est plus réduite à être une thérapie, mais élevée un développement personnel applicable à toute personne. Elle met en évidence que la conception du bonheur et de la réussite n'est pas nécessairement la même pour tous. Elle reconnaît en l'être humain son droit à l'originalité, son caractère unique parmi les milliards d'autres bipèdes. L'esprit réactif est un facteur majeur de l'existence et il est un poison à l'ambition entiere d'un homme. Il est très difficile de trouver une caractéristique unique à la réussite, et si l'on compare les différents profils d'hommes qui on réussit leur vie que ce soit d'un point de vue financier, amoureux, professionnel, émotionnel, on ne trouvera rien d'absolu qui permet de relier directement un trait de caractère à la réussite. Mais il y a bien un élément qui est incontournable dans la réussite.

L'ambition.

Poursuivons l'analyse sur la « boite » qui compose l'étendue de votre domaine de réflexion. Cette boite est construite par les murs que notre esprit réactif va placer tout autour de notre esprit constructif. L'ambition que vous arriverez à y trouver, si vous faite partie de ces chanceux qui ne l'on pas totalement perdue à l'entrée de l'âge adulte, sera celle que vous pourrez trouver à l'intérieur de votre boite, restreinte par des motifs et des limites psychologiques parfois totalement imaginaires, mais qui entrent dans le schéma conformiste auquel vous êtes habitué.

Je vous propose une petite mise en pratique.
Remémorez-vous un de vos rêves ou projets les plus ambitieux, une de vos ambitions jamais réalisées. Notez les raisons pour lesquelles ce projet n'a jamais vu le jour, ce qui vous a poussé à abandonner cette idée avant même d'avoir essayé, ou de ne pas avoir suffisamment persévéré dans vos démarches. Analysez ces raisons une par une, et objectivement, posez-vous la question de savoir si ces raisons étaient toutes des barrières totalement insurmontables. Si elles ne l'étaient pas, alors vous venez de découvrir pour la première fois les méfaits de votre esprit réactif. C'est justement cet esprit sur-protecteur qui lorsqu'il n'est pas compris et maitrisé, finit par engendrer le même effet que de conduire une voiture en ayant oublié de desserrer complètement le frein à main. On est objectivement ralenti, ça pue le caoutchouc brulé, mais on peut rouler des kilomètres avant de s'en rendre compte.

Si au contraire, ces raisons sont bien invalidantes pour votre projet, et qu'il n'y avait eu aucun moyen technique pour les surmonter, alors cela signifie que vous n'avez pas été réaliste dans l'élaboration de votre projet. Vous n'avez pas su situer le contexte de votre existence, de vos capacités et de ce qui est envisageable de manière cohérente individuellement parlant. C'est aussi ces capacités analytiques et constructives qu'apporte la Téléphasie, et la réhabilitation de l'esprit constructif dans votre vie de tous les jours. En définitive, l'esprit réactif est un de vos ES qui n'est composé que de vos craintes liées à vos expériences du passé, et surtout c'est dans un de ces ES que réside les Ancrages Négatifs Inconscients (ANI). Ces ES étant rattachés au subconscient, nous pouvons donc éradiquer les ANI grâce aux exercices contextuels de Téléphasie qui permettent cette interaction, notamment le Split et le Dual-Channel Thinking.

C'est le travail porté sur l'accès à ces ES qui va permettre au binôme Processeur-Récepteur de créer ce pont de communication consciente entre le Récepteur et ses ES. L'esprit réactif n'est pas vraiment une entité stratégique. Ce n'est pas lui qui vous protège, c'est plutôt une représentation mentale d'un individu parano et introverti qui ne recherche que la surprotection et la facilité. Lorsque vous avez des décisions à prendre, lorsque vous êtes confrontés à un dilemme et que vous y réfléchissez intérieurement, ce n'est pas votre esprit réactif qui vous aide, et au contraire il cherchera plutôt à vous freiner dans tous vos mouvements pour un besoin de sécurité maximum. L'esprit constructif est à l'inverse celui qui va faire contrepoids dans la balance émotionnelle et vous aider à être plus entrepreneur, plus constructif. L'esprit constructif est beaucoup plus ouvert, c'est celui qui vous inspire lorsque vous avez besoin d'imagination et d'ouverture d'esprit. C'est aussi ce qui développe vos sens et vous permet de ressentir certaines choses, de pouvoir faire confiance en votre « feeling ». Il n'est pas toujours possible de résoudre des situations par l'analyse, et c'est pour cette raison que l'esprit constructif est très important, car il développe nos perceptions et nous permet parfois d'aller trouver des réponses dans ce que nous ressentons, plutôt que ce que nous croyons comprendre.

La transmission générationnelle des clichés sociaux et des dogmes.

Les cliches sociaux et les dogmes de notre société moderne sont des névroses qui se transmettent de parents à enfant. C'est ce qui rend le système d'aujourd'hui aussi pervers pour l'être humain et sa conscience existentielle. Les parents transmettent deux types de familles névrotiques différentes à leurs enfants. La première à déplorer, c'est leur manière de forcer inconsciemment leurs enfants à épouser leur esprit réactif ainsi que toutes leurs névroses. Si votre maman a eu le malheur d'avoir un ami décédé lors d'un accident de scooter, cela explique peut-être pourquoi elle n'a jamais voulu vous donner l'autorisation d'en avoir un quand vous étiez plus jeune.

Si vous avez été très déçu par la filière que vous avez suivie au lycée ou en université, vous allez probablement influencer vos enfants afin qu'ils ne choisissent pas la même voix que la vôtre en leur expliquant que vous avez raison car votre expérience peut le prouver. Ce genre de comportement directement issue de l'esprit réactif vas modifier votre perception objective et aussi celle de votre entourage, et surtout ceux qui dépendent de vous, dans l'exemple ci-dessus, vos enfants.

Cette attitude va avoir deux conséquences très néfastes. Vous allez d'une part subir un rejet de la part de vos enfants, car leur soif de découverte et leur ouverture d'esprit que l'on nomme « naïveté ou innocence » vont les protéger des miasmes provenant de votre esprit réactif d'adulte ;

mais surtout, vous allez vous emparer de l'existence de vos enfants à des fins de revanche personnelle sur la vie, et allez les conduire à aboutir aux mêmes échecs que les vôtres, peut être dans des domaines différents.

La plupart des adultes cherchent à contrôler de manière positive la vie de leurs enfants et si l'on est conscient que quatre-vingts pour cent des adultes estiment avoir raté leur vie, et qu'ils ont d'innombrables regrets par rapport à leur enfance ou leur jeune âge adulte, on peut donc se poser la question de savoir s'ils transmettent une expérience viable à leurs enfants. D'ailleurs, on peut souvent constater que beaucoup de pères et mères de famille, parfois même très jeunes, décrivent cette sensation de « passage de flambeau » à leurs enfants. Et on retrouve chez eu le même genre de discours résignés.

Cela ressemble souvent aux phrases qui suivent :

« Moi je n'ai pas eu ce que je voulais dans ma vie, mais ce qui m'importe c'est que mes enfants réussissent et ne passent pas par les mêmes galères que j'ai vécues ».

Ou encore « *profitez bien de votre enfance, ce sont les meilleurs moments de votre vie* ».

A la première phrase, j'aurais envie de répondre, « *Quel exemple pouvez-vous être pour vos enfants si vous considérez vous-même avoir raté votre vie ? Quel conseil pourriez-vous leur donner que vous n'ayez pu appliquer vous-même pour réussir votre vie ?* ».

On constate dans ce genre de phrase la résignation de l'individu qui pense littéralement "revivre" à travers l'existence de ses enfants. La réalité est qu'a n'importe quel âge, nous pouvons toujours faire le choix d'être maitre de notre existence, et de vouloir en faire ce que l'on en veut. La réalité, c'est qu'un enfant qui a un « loser » comme exemple n'a pas de raison à priori d'aller inventer un autre exemple d'idéal. Très sérieusement, combien de parents fumeurs disent à leurs enfants de ne pas fumer ? N'est-il pas ridicule de ne pas être capable de s'imposer une droiture que l'on voudrait imposer à un enfant ?

Pour en venir au fait, voilà deux réalités : Si vous considérez avoir raté votre vie, n'ayez pas l'orgueil de penser que vous saurez conseiller les autres pour la réussir.

Vos enfants feront leurs expériences, et feront des erreurs. Leur capacité à analyser ces erreurs est ce qui va déterminer leur capacité à gagner de l'expérience, et avoir une meilleure compréhension des mécanismes de la vie. Aidez-les à analyser leurs erreurs, n'essayez pas de les enfermer dans un carcan de bonne morale. Apprenez-leur à apprendre.

La deuxième réalité est qu'il n'est jamais trop tard pour reprendre sa vie en main. Si vous faites partie de ceux qui disent que vous espérez que vos enfants aient une meilleure vie que la vôtre, c'est qu'il est temps pour vous de réaliser que vous avez tout raté. Occupez-vous plutôt de votre propre existence, car le temps passe plus vite qu'on ne peut le concevoir. Se transmettre l'espoir d'une meilleure vie de génération en génération est une aberrance ridicule de l'homme. Le savoir est plus important que l'espoir, et si vous voulez transmettre un héritage de valeur à vos enfants, il va falloir à un moment donné convertir l'espoir en patrimoine. La transmission du savoir ce fait également par la génétique, et c'est un phénomène qui a été prouvé depuis un certain temps par la communauté scientifique. On sait par exemple, qu'un homme modifie son patrimoine génétique lorsqu'il maîtrise un nouveau savoir, lorsqu'il apprend à survivre ou à s'adapter à une situation oppressante. L'anxiété, la peur, le stress, le défaitisme, la résignation sont des valeurs dégradantes qui se transmettent par la génétique.

Vous avez hérité de plusieurs choses de vos parents, dont leur patrimoine émotionnel. Si vous avez toujours été stressé sans raison, ou même craintif, il se peut que ce soit tout simplement une mauvaise valeur transmise de vos parents à vous-mêmes par les gênes. Il est donc important pour vous-mêmes, que vous puissiez vous débarrasser, vous libérer de ces Ancrages Négatif Inconscients, afin de pouvoir maîtriser votre univers contextuel, mais aussi et surtout transmettre un héritage génétique valide à vos enfants.

Ce travail vous permettra de réussir ce que vous entreprenez et de ne pas transmettre un héritage génétique de basse qualité à vos enfants. C'est un travail bien plus efficace et bien plus utile que d'espérer que par miracle vos enfants puissent réussir là où vous avez échoué. D'ailleurs, l'échéance n'est que de courte durée puisque même si les parents sont conscients qu'ils profitent de l'espoir « non immédiat » dont ils abusent en espérant tout et n'importe quoi de leurs enfants, ils viennent à se rendre compte plus rapidement que prévu que le petit dernier ne deviendra pas président de la république, ni astronaute. Surtout depuis sa crise d'adolescence, il s'est mis à sortir, fumer, et ne travaille presque plus à l'école. À ce moment-là, la désillusion des parents, leur sensation de perte de contrôle sur la vie de leurs enfants, leur frustration personnelle de voir que leurs enfants font les mêmes erreurs qu'eux, cet ouragan émotif et brusque, scinde en général le point final à l'espérance d'une vie meilleure (côté parents). C'est à ce moment tardif, que l'adulte se rend compte qu'il a choisi la facilité de mettre sa vie de côté, pour « parier » sur ses enfants, comme un vulgaire pilier de bar qui n'espère plus rien d'autre que de gagner le gros lot en pariant sur des chevaux qu'il ne connaît pas. Pourtant, un écart de discipline à l'adolescence ne signifie pas une vie ratée.

Mais les parents comprennent à ce moment-là qu'il n'y aura pas de « miracle de la vie », et que leurs enfants, tout comme eux, passeront par des périodes de vides, d'échec, d'attentes anxieuses, et de rebondissements. Rien n'est joué d'avance, et il n'aura pas suffi « d'espérer pour ses enfants » pour qu'ils réussissent. Les parents se rendent compte bien plus tard, à l'âge adulte de leurs enfants, que finalement peu importe qu'ils réussissent ou non, cela ne change pas la condition de vie de leurs parents, leur regret de jeunesse, ou les frustrations du passé qui perturbent leur présent. C'est donc un comportement évasif des parents, qui se servent de leurs enfants comme un alibi de passivité. Ainsi, le chef de famille refuse de prendre des risques professionnels parce qu'il y a l'excuse de la famille à nourrir. Madame ne prendra finalement jamais son année sabbatique pour passer une formation professionnelle et tenter une reconversion, car trop risqué par temps de crise.

Papa n'arrêtera pas de fumer et n'aura pas d'augmentation cette année. Maman ne fera pas son régime et gardera ses grosses fesses pour l'été prochain. C'est la réalité de ses individus attentistes et défaitistes, qui pensent que leurs enfants réussiront mieux qu'eux, par une logique émotionnelle totalement infondée.

Avoir des enfants ne vous oblige pas à renoncer à votre dignité personnelle. Vous pouvez opérer une transformation à n'importe quel âge, qui servira d'exemples à vos enfants, les guidera vers le succès par l'exemplarité positive et non pas par l'héritage d'une espérance perpétuelle.

La deuxième phrase, « profitez bien de votre enfance, ce sont les meilleurs moments de votre vie », je la trouve tout simplement terrifiante. Je peux comprendre qu'un enfant puisse prendre du plaisir à courir et faire des roulés boulés dans l'herbe, à jouer pendant des heures ou encore à s'inventer des scénarios de dessins animés fantastiques, mais comment est-il possible pour un adulte, qui a gagné son indépendance, sa conscience de la vie, sa liberté de choix, pour un adulte qui connaît les possibilités infinies que peuvent offrir l'ambition, de considérer que l'enfance est le meilleur moment d'une existence? Est-ce que babiller et lécher son doudou peut être considéré comme une ambition existentielle aux yeux d'un adulte ? Est-ce qu'il n'y a peut-être pas des choses plus intéressantes à faire ? Peut-être plus utiles d'un point de vue personnel et même pour la société en général ? Qui sont ces gens qui seraient prêts à condamner la société à ne pas progresser ? Qui sont-ils pour regretter les années où il déféquait dans leurs couches, et se faisaient gronder quand ils ne finissaient pas leur assiette ?

D'ailleurs, il est effroyable de dire à un enfant qu'il vit les meilleurs moments de sa vie. C'est le condamner à croire que le reste de sa vie ne sera qu'un désagréable moment à passer ? C'est lui dire qu'il ne vaut même pas la peine d'être un adulte ? C'est l'orgueil de faire croire à un enfant que l'on connaît déjà son potentiel de vie et qu'il ne pourra jamais surpasser le bonheur enfantin à l'âge adulte ? C'est ridicule et névrotique. C'est la traduction des Ancrages Négatifs Inconscients des adultes, qui les poussent à briser la personnalité de leur enfant sans même s'en rendre compte. Si je devais faire un bilan de ma jeune vie de trentenaire, je dirais que je suis probablement en train de vivre les meilleurs moments de ma vie à l' instant même où j'écris. J'ai le corps et l'esprit d'un adulte, je suis indépendant, ma perception est sans limites, et j'apprends mieux qu'étant jeune, la Téléphasie me permettant d'effacer mes A.N.I.

Je maitrise mon environnement, je comprends les réactions logiques ou illogiques des individus. Je sais comment leur parler, ce qu'ils veulent, expliquer leur émotions et leur ressenti. Tout un monde auquel je n'avais pas accès étant enfant. Quelle médiocrité, quel manque d'éducation ou d'ambition peuvent pousser un adulte dogmatique à considérer que l'enfance est le meilleur moment de la vie d'un être humain ? La réponse, vous la connaissez déjà. C'est le type d'individu que je décris plus haut. Celui qui sent qu'il n'a jamais eu la maitrise de son environnement et qui pense qu'il vaut mieux être enfant que d'avoir des responsabilités. Ce sont ces mêmes individus qui finissent par abuser de la société, en quelque sorte pour se venger de ce qu'elle n'a pu leur apporter.

En effet, si l'on analyse le profil des violeurs, des harceleurs, des voleurs, des gens infidèles, on peut se rendre compte que ce sont pratiquement tous des individus qui ont des comportements rétrogrades et enfantins. Le violeur pédophile expliquera qu'il a ressenti une pulsion irrésistible, et que la domination qu'il porte a l'égard de sa victime lui confère un sentiment rassurant de contrôle. Le harceleur expliquera que la femme qui est faite pour lui n'est pas capable de comprendre qu'ils seront heureux ensemble et qu'elle fait fausse route. Il essaiera a tout pris d'expliquer, de justifier, dans sa subjectivité infantile, que c'est lui qui a raison, et que sont caprice affectif, sa manière de harceler est en fait juste un moyen d'approcher une femme que l'on désire.

Les voleurs, les maris violents, les infidèles, sont tout autant de gens qui regrettent leurs enfance, qui n'ont pas évolué et essaierons toujours de justifier leurs actions par un rationalisme qui n'est absolument pas tolérable. La réalité, c'est que ces gens sont des enfants emprisonnés dans des corps d'adultes, qui considèrent que leurs caprices ont une justification et qu'ils méritent d'obtenir tout ce qu'ils veulent uniquement parce qu'ils le veulent. Ce sont ces gens, qui ne savent pas se forcer une discipline, qui ont grandi dans les dogmes et qui les transmettront à leurs enfants. Ne sachant expliquer leurs échecs, ne sachant expliquer la réussite des autres, ne sachant se repérer dans leur propre univers contextuel, ses individus vont trouver leur réconfort dans le cliché et le dogme. Le dogme ne nécessite pas de logique ni de compréhension, et est donc rassurant pour celui qui est à la recherche d'un modèle de vie simple et simpliste. De considérer que cette vie d'enfant complètement asservie au désir des adultes est le meilleur moment d'une existence démontre bien le besoin d'encadrement et d'aliénation des individus. Il démontre bien le besoin de ces individus, d'avoir leur potentiel devant eux, d'avoir le droit de rêver à des choses qu'ils n'auront jamais. De la même manière qu'un coq alcoolisé en sortie de boite de nuit va demander à ces amis de le retenir lors d'une bagarre pour éviter qu'il ne fasse un massacre. Lâchez-le et vous verrez qu'il fera beaucoup moins de bruit. Les adultes sont pareils lorsqu'ils abandonnent avec tristesse leurs rêves, lorsqu'ils pensent comprendre que la vie n'est que rêver et subir.

C'est à ce moment-là qu'ils vont commencer à s'inventer des raisons de ne pas changer leur vie, car c'est difficile, car c'est impossible, car c'est la vie. Alors plutôt que de reprendre votre vie en main, vous allez moraliser vos enfants. Eux ne sont pas encore capables de vous renvoyer vos réalités à la figure n'est-ce pas ? N'est-il pas facile d'avoir l'admiration d'un enfant ? N'est-il pas facile de fonder tous ces espoirs brisés sur la vie de son enfant ? Oui c'est facile, et vous allez transmettre vos névroses et dogmes à vos enfants, et ainsi pourrir une partie de leur existence avec votre propre bagage d'ordures. Ensuite, vous direz que vous les aimez, vous leur ferez des papouilles partout et vous gâcherez leur vie en ressentant la satisfaction d'avoir correctement rempli votre rôle de parent. Il n'est pas facile d'être un être humain, encore moins un père ou une mère.

Cependant, transférer ses espoirs sur ses enfants c'est abandonner, et « leur refiler la patate chaude ». Transférer vos espoirs sur vos enfants, c'est les accuser d'avance. Leur faire comprendre que si vous n'êtes pas heureux c'est de leur faute, leur faire croire que votre bonheur est tributaire de leur réussite c'est leur mentir et vous mentir à vous-même. La deuxième névrose qui est tout aussi dangereuse et rétrograde est la transmission des dogmes, qui vont ensuite façonner les clichés sociaux. Ne vous demandez pas pourquoi il y a de la discrimination entre les humains, de la violence, de la criminalité, de la pauvreté.

C'est de votre faute.

Chaque individu a eu des « parents », biologiques ou non, et chaque individu a eu un regard sur la vie qui a été guidé à un moment ou a un autre par un adulte. Il faut être capable d'analyser ces réalités qui ne sont pas faciles à admettre. La société n'est pas responsable des problèmes de la société. Les individus le sont. Vous êtes, chacun à votre échelle, responsable d'un problème que rencontre la société. Soit par vos actions directes, soit par les actions imposées aux actions de vos enfants. Vous leur transmettez des dogmes que vous pensez adaptés à une éducation correcte ou à un sens moral dont vous êtes redevable envers la société. De cette manière, vous êtes capable de transmettre des dogmes à vos enfants que vous ne seriez vous-mêmes pas capable de croire. Il me viens a se sujet une anecdote assez innocente qui dépeint cette situation, celle des dogmes que l'on va suivre sans y réfléchir vraiment car ils nous sont imposés dès notre plus jeune âge.

Une femme d'une trentaine d'années coupait toujours son gigot en deux avant de le mettre à cuire dans le four. Lorsque je lui demandai pourquoi elle faisait cela, elle me répondit que sa mère l'avait toujours fait ainsi. Lui demandant s'il y avait une raison particulière, elle me dit qu'elle n'en savait rien, mais que c'était la manière dont elle avait appris à faire cuire son gigot. Curieux de comprendre d'où lui venait ce geste rituel qu'elle-même n'arrivait pas à expliquer, je demandai donc à sa mère, s'il y avait une raison particulière pour laquelle elle avait toujours coupé son gigot en deux pour la cuisson.

Celle-ci me répondit très amusée que de son époque, les fours étant très petits, elle ne pouvait y placer sont gigot entier, sans le couper en deux au préalable. Je me rendis compte que c'était l'exemple typique d'une réaction d'apprentissage dogmatique. Cette femme d'une trentaine d'années avait toujours vu sa mère découper le gigot en deux avant de le cuire, ce qui pour elle a toujours fait parties d'un processus incompris et pourtant indispensable. Elle n'avait jamais demandé à sa mère la raison pour laquelle celle-ci coupait son gigot, et avait gardé en elle ce dogme comme une étape indispensable de la préparation de son repas. Cette anecdote nous montre l'importance d'expliquer et non imposer. Elle nous montre la confiance aveugle, belle et enfantine, qu'ont les enfants envers leurs parents. Elle nous montre à quel point le conditionnement à l'obéissance et à la non-discussion des ordres, des conseils et des dogmes imposés, peuvent mener à des comportements sociaux ridicules, inutiles ou même inappropriés et dangereux.

Au final, le grand malheur est que la plupart des enfants n'hériteront pas automatiquement d'un patrimoine, mais plutôt de la somme de toutes les névroses de leurs parents. Ils devront arriver à construire leur vie en étant constamment troublés par ces dogmes, et par les manifestations parfois violentes de l'esprit réactif de leurs parents. Cette faiblesse qui se transmet de manière générationnelle est le résultat des craintes et interrogations de nature humaine non réfléchies, qui vont ensuite conditionner notre manière de penser et donc nos actes.

Il est donc important pour les Téléphasistes, d'utiliser leur objectivité et leur esprit constructif, pour éviter de commettre le crime de contamination existentielle dont la plupart des parents sont coupables. Les enfants peuvent être le remède à tous les maux de la société, encore faut-il les laisser nous guérir, et apprendre à leur léguer un véritable savoir, une science existentielle qui leur permettra d'exprimer leur talent, leur joie de vivre et leur ambition.

L'identité sociale, le piège de l'homme moderne

Il y a plusieurs manières de caractériser l'identité d'un individu. L'identité sexuelle, l'identité dite administrative, et l'identité sociale. Avant de nous pencher sur chacune de ces formes d'identités et de les comprendre, je pense qu'il est nécessaire de se mettre d'accord sur la définition de l'identité de manière générale. Si un humanoïde antipathique (un CRS par exemple) vous faisait face en vous demandant froidement de vous identifier, que lui répondriez-vous ? Probablement quelque chose de très formel, votre identité administrative par exemple.

Car c'est selon vous, le meilleur ratio entre ce que vous êtes prêt à communiquer de vous, et ce qu'il vous semble nécessaire de communiquer par rapport à une situation donnée. En effet, si à l'inverse vous êtes a un dinez galant et que votre partenaire vous demande de lui décrire quel genre de personne vous êtes, il semble évident que vous n'allez pas répondre en déclinant votre état civil.

Ceci démontre que l'identité en soit, n'est pas une valeur fixe et immuable. C'est un rapport d'interprétation entre un individu et ses E.S (je vous ai déjà expliqué précédemment ce que sont les E.S), ainsi que le rapport de cet individu à la société en général. C'est de cette manière-là qu'un individu s'identifie, et s'identifie en rapport aux autres. Sauriez-vous vous identifier en comparaison à vous-meme ? Que pourriez-vous dire de votre propre identité ? Si vous deviez décliner votre identité à vous-même, quelle serait votre manière de le faire ? C'est un exercice un peu difficile n'est-ce pas ? Simplement parce qu'il est très rare de devoir s'identifier, se comparer à soi même. On doit, dans la plupart des situations, s'identifier à un « type » d'individu, ce qui semble plus simple puisqu'il suffit de choisir, quel type d'identité nous voulons décrire... Par exemple, les adolescents qui n'on pas encore vraiment d'identité aiment s'associer à des styles qui peuvent être en rapport avec la mode vestimentaire, ou une certaine catégorie de meurs. Lorsque l'on fait l'exercice de s'identifier à soi-même, on ne sait pas trop par où commencer puisque l'on a le choix de décliner au moins trois formes différentes d'identités. Cette constatation n'est pas un point de détail. Elle démontre que l'identité est finalement une valeur modifiable, modulable, évolutive. Elle est une valeur pleinement relative. Avant de comprendre ce que cela implique pour un individu, je vous propose un rapide passage en revue des différentes formes d'identités afin que vous soyez plus à l'aise avec ce concept de segmentation personelle. Dans l'ordre, nous pouvons évoquer tout d'abord l'identité administrative. Je la classe en premier puisque c'est la forme la plus simple et la plus utilisée de notre identité. Lorsque vous venez de prendre votre première respiration en tant que nouveau-né, la première identité qui vous sera utile est l'identité administrative, votre nom, prénom, ceux de vos parents, votre nationalité. Cette forme d'identité peut paraître très simple, j'y mettrai tout de même quelque réserve, ayant été témoin du fameux « débat sur l'identité nationale », proposé de manière plutôt maladroite par le gouvernement. Si l'on fait abstraction de l'aspect entièrement politique de ce débat, c'est une question qui est intéressante et complexe à la fois.

On a pu voir à quel point il est difficile de réunir tout le monde autour d'une même définition de l'identité. Non pas pour des questions de racisme, mais tout simplement parce qu'en sociologie il existe plusieurs formes d'identités, et que la politique fait abstraction totale de cette réalité. Il était donc tout à fait prévisible et normal qu'il n'y ait aucun débouché de consensus sur cette question. En deuxième position, je cite l'identité sexuelle. Lorsque le nouveau-né prend de l'âge, et qu'il devient un jeune enfant, il prend très rapidement conscience de son identité sexuelle. Il sait qu'il est un garçon ou une fille, et qu'il y a des personnes du sexe opposé. Ce développement se produit dans la tranche d'âge trois / cinq ans. L'identité sexuelle est d'autant plus affirmée par nos comportements sociaux. Le fait par exemple de ne pas avoir de mixité dans les toilettes, de s'habiller différemment en fonction du genre sexuel et toutes ses coutumes, qui vont faire comprendre au jeune enfant ce qu'est son identité sexuelle.

Il ne s'agit pas encore de comprendre l'interaction entre les deux sexes, mais de savoir déjà de quel « côté » l'on se trouve. Arrive à l'âge de cinq ans, une petite fille doit savoir qu'elle est petite fille et un petit garçon, petit garçon.

C'est d'ailleurs un jeune âge ou les premières adversités du genre sexuelles commencent à apparaitre. Ainsi, deux clans se forment, les filles et les garçons. À noter d'ailleurs qu'à cet âge de désintéressement sexuel (pas toujours), les garçons jugent souvent plus contraignant d'avoir des rapports sociaux avec les filles que de rester entre garçons. Nous pouvons dire qu'a cet âge, l'identité sexuelle est acquise. Après l'identité administrative et sexuelle, c'est l'identité sociale que découvre l'enfant. Il comprend que ses similitudes sexuelles sont un premier point de cohésion sociale. Le garçon remarque qu'en général, il s'amuse plus en fréquentant d'autres garçons, qu'en jouant à des jeux de filles. Il remarque qu'il a beaucoup plus souvent envie de jouer lorsqu'il passe du temps avec son groupe d'amis, que lorsqu'il est en compagnie d'enfants du sexe opposé. Il comprend qu'il a des sujets de conversation à partager, qu'il prend plaisir à échanger jouets ou bandes dessinées avec ces amis du même sexe alors que ce n'est pas intéressant de le faire avec le sexe opposé.

Il est vrai qu'une poupée Barbie, ou un compte de prince charmant on beaucoup moins de chances d'intéresser un petit garçon normalement constitué, qu'une bande dessinée de super héros, ou un jouet représentant une arme de guerre par exemple. C'est pour l'enfant, une première approche pratique du concept d'identité sociale. Il est important de pouvoir gentiment recadrer un enfant qui serait déviant, ou en recherche de repères. Lorsqu'un adulte a un minimum de compréhension à l'égard du développement de l'identité sexuelle de son enfant, il ne l'encourage pas à la déviance, mais il le guide.

Ainsi, on ne doit pas encourager un garçon à jouer à la poupée « parce qu'il aime sa », le laisser s'habiller avec des vêtements de fille ou ne serait-ce que jouer avec du vernis à ongles. Les jouets n'ont pas été inventés pour rendre les enfants heureux mais plutôt pour les éduquer et leur montrer l'exemple de manière ludique. Ainsi, et depuis presque toujours, les jeunes garçons reçoivent souvent en cadeau des répliques d'armes, des petits « bonshommes », des accessoires de sport et autres.

En effet, il fut une époque pas si lointaine ou le service militaire était obligatoire, et sous-entendait que n'importe quel homme (identité sexuelle et sociale) se devait d'être capable de défendre son pays à tout instant. Sans vouloir être cynique, ce genre d'apprentissage ne se fait pas en jouant à la poupée.

Les petites filles, elles, sont conditionnées à appréhender le domaine de la maternité et notamment le passage de la grossesse et de l'accouchement. Ce qui explique qu'on leur offre des poupées, de fausses poucettes avec lesquelles elles adorent déambuler partout (il suffit de regarder les salles d'attente de médecin ou les familles au super marché), afin d'imiter les gestes attentionnés de leurs propres mères. Cette prise de rôle favorise « l'acceptation » de leur identité sexuelle. Il faut donc bien comprendre le rôle du jeu dans l'évolution d'un enfant, et ne pas confondre le jeu et le divertissement. Le divertissement sert à passer le temps de manière ludique. Un enfant qui regarde la télé se divertit. Le jeu, est une construction de la personnalité qui peut être divertissante, mais ce n'est pas son utilité première. Tous les « petits » jouent, afin de construire leur identité, et l'affirmer au sein de leur groupe social. Les animaux par exemple, jouent pour affirmer leur position sociale, et s'entrainer physiquement pour des situations de survie. Idem pour les humains en société. Un petit garçon qui chahute avec son ami, marque sa position sociale (de dominant ou dominé), et s'entraine physiquement pour des situations qu'il devra affronter plus tard, tel que les bagarres à l'école, mais nous pouvons également renvoyer à l'exemple du service militaire, ou la défense du pays. Laisser un petit garçon jouer à la poupée est inutile et déstabilisant pour sa construction cognitive. En effet, sa force masculine est réduite à l'inutilité dès le début. C'est donc encourager une déstabilisation de l'identité sociale de cet enfant. Il est compréhensible que les mouvances politiques d'aujourd'hui empêchent ce genre de réflexion, car le besoin de modernité apparente des hommes et de femmes politiques les poussent souvent à prendre des décisions qui ne sont pas motivées par des constatations scientifiques, mais par des besoins de popularité immédiate.

Pour en revenir à des bases scientifiques, les enfants ont besoin d'exemple, et c'est être un bien mauvais pédagogue que de laisser une liberté de choix et d'action totale à un enfant que l'on essaie d'éduquer. Pour en terminer avec l'aparté politique, la sexualité n'est pas un choix à faire. Il n'y a qu'une seule forme de sexualité qui existe, c'est celle qui reproduit. Les autres sont déviances (terme pas forcement péjoratif). La sexualité n'existe que par le besoin de reproduction, et si l'homme n'avait pas besoin de se reproduire, il n'aurait pas besoin de sexualité, et la nature l'aurai rapidement dépourvu de sexe. Le plaisir lié au sexe est un facteur d'attraction dont je parlerai dans les détails lorsque nous serons arrivés au chapitre des cinq dynamiques universelles (le système EMAST). La sexualité est donc à la base, l'acte de se reproduire. On ne peut pas faire de subdivision de la sexualité, car cela n'a aucun sens. Si l'on considère l'homo sexuel comme représentant une forme de sexualité, qu'est-ce que l'on dira du masturbateur ? Est-il lui aussi représentant d'une forme différente de sexualité ? Pourra-t-on un jour qualifier les masturbateurs de Solosexuels ? Les solosexuels auront-ils le droit d'être reconnus et adopter des enfants seul ? Vous conviendrez que si l'on essaie de segmenter tous les comportements sociaux de cette manière-là, nous arrivons vite à des analyses absurdes et farfelues.

L'identité sociale, elle, est intéressante dans le but de se rapprocher de ses semblables. Les individus cherchent à savoir qui ils sont pour pouvoir se retrouver avec des individus à qui ils ressemblent. On m'a souvent demandé comment j'arrivais à « lire » les individus aussi rapidement et avec autant d'exactitude sans forcément les connaitre dans leur intimité.

Je réponds ceci : les individus sont faciles à « lire » et à anticiper parce qu'ils n'ont pas de personnalité qui leur est propre. Ils ne représentent pas leur propre unicité, leur originalité. Les clichés n'ont pas été créés par le charisme des individus et leur capacité à représenter ce qu'ils sont. Les clichés sont des « parkings existentiels » créés de toutes pièces par le système, pour pouvoir accueillir les individus en mal d'identité. Lorsque ces individus sont canalisés dans ces parkings sociaux, ils sont donc faciles à comprendre, anticiper et manipuler. Les clichés ne s'adaptent pas aux individus, ce sont les individus qui s'y adaptent. Ils ont l'impression que plus ils se rapprochent de la personnalité typique du cliché auquel ils appartiennent, et plus ils affirment leur personnalité. En définitive, si vous voulez « lire » une personne, ne vous intéressez pas à sa personnalité. Quatre-vingt-dix pour cent des individus n'ont pas de personnalité qui leur est propre.

Intéressez-vous plutôt directement au cliché à laquelle cette personne veut correspondre, et vous serez capable de lire sa personnalité dans l'instant. Quand on comprend que les individus n'inventent pas les clichés, mais que les clichés sont inventés pour eux, on peut comprendre pourquoi des milliards d'individus sont tous intéressés par les mêmes choses, s'habillent tous pareil, ont tous les mêmes problèmes. La Téléphasie est justement une manière de pouvoir respecter et reconnaitre le caractère unique de chacun, et remettre au centre de la vie des individus leur propre personnalité.

Le « Différentiel de Josephson » : pourquoi le bonheur individuel dépend du malheur collectif.

Après avoir abordé le concept d'identité individuelle, il me semble indispensable de parler de ce que j'ai nommé « le Différentiel de Josephson ». C'est un principe que j'ai baptisé de mon nom, n'ayant jamais entendu un sociologue évoquer ce concept auparavant. Pourtant, il est central dans la compréhension du bonheur individuel et du sentiment d'accomplissement personnel.

Le bonheur est une valeur relative au bias individuel et collectif. Dans les prochains chapitres, je vous expliquerai en détail ce qu'est le bias qui est une notion personnelle et non relationnelle. Je vais donc commencer par l'aspect relatif du bonheur, sont aspect relationnel. Le bonheur est une émotion relative et à besoin d'une notion de différentiel pour exister. Pour vous rafraîchir la mémoire, le différentiel de manière générale ressemble au fonctionnement physique d'électricité.

Un pole négatif, un pole positif, une circulation d'énergie entre les deux. S'il n'y a pas de différentiel, pas d'énergie et donc pas de matière ni attraction, en référence au système EMAST que nous aborderons en détail dans les chapitres prochains. Si l'on établit une échelle de l'état émotionnel intérieur d'une personne stable et en bonne santé, on peut définir un niveau zéro qui représente un état émotionnel neutre, un niveau positif graduel et son équivalent négatif qui caractérise les émotions telles que la mélancolie, la tristesse, le malheur. Le différentiel est le potentiel qui se situe entre l'extrême négatif et l'extrême positif. Ce différentiel est unique à chacun de nous et est défini par des règles communes de survie, mais aussi par l'idée que se fait un individu de ce que peut être le malheur ou le bonheur extrême. En ce qui concerne les règles communes de survie, je veux parler des besoins primaires tels que se nourrir, dormir suffisamment, être propre… Lorsque ces besoins primaires sont assouvis, un être humain va aller chercher son bonheur là où il l'idéalise. Il évite le malheur en le définissant par des représentations qu'il a pu observer autour de lui, ou dans les clichés sociaux liés à sa culture. Cette définition des deux extrêmes varie donc en fonction de son pays, et de la culture environnante. En ce qui nous concerne, nous occidentaux, nos représentations du bonheur et du malheur varient selon l'état de l'économie, la situation politique et financière, mais aussi par l'influence des médias, de ce qui est facilement visible par la masse. La représentation la plus fréquente du malheur occidental est probablement la misère exposée dans les lieux publics où les SDF font la manche.

Le chômage, la misère dans les pays du tiers monde, la famine, les maladies incurables, contrairement à ce que l'on pourrait imaginer, et sans chercher à faire de provocation arriviste, sont à posteriori des éléments qui contribuent de manière favorable au bonheur individuel de l'occidental de toutes classes confondues. Je vais expliquer très simplement ce qu'est le « Différentiel de Josephson », ce mécanisme sociologique qui nous amène à dépendre du malheur des autres, quel que soit notre niveau de vie.

Notre conception du bonheur est basée sur ce différentiel, ce qui fait qu'inconsciemment nous avons besoin d'être constamment abreuvés de malheur pour pouvoir faire vivre notre potentiel bonheur à travers le différentiel. Tel le courant électrique qui nécessite un pole négatif et un pole positif pour exister. En revanche, il y a un paradoxe comportemental qui est notre refus d'héberger le négatif et le positif à l'intérieur de nous-mêmes. Nous préférons observer le négatif à l'extérieur, chez quelqu'un d'autre, et faire valoir notre positif en comparaison. Notre inconscient est donc en recherche permanente d'énergie différentielle gratuite.

Il gère vos émotions en amont, et va aller piocher ses pôles négatifs dans le malheur des autres. Pour valider cette théorie, nous pouvons imaginer qu'un occidental qui décide d'aller vivre dans un pays lointain, devant s'adapter a une culture très différente, va soit entrer en dépression s'il n'arrive pas à re-calibrer son bias, soit il s'habituera à son nouvel environnement, en redéfinissant petit à petit sa conception du bonheur et du malheur en fonction des éléments de mesure disponible sur place. Cette étape de re-calibration, se déroule à la fois de manière consciente et inconsciente. L'aspect visible de la re-calibration est le changement d'habitude, de loisirs, de centres d'intérêt en fonction des divertissements et activités disponibles sur place. La partie inconsciente se fait dans la recherche du

« Différentiel de Josephson ». Notre inconscient va aller chercher des points de mesures aux extrêmes négatifs pour permettre à notre pôle positif de créer un différentiel plus important, et qui augmente donc notre bonheur. C'est un mécanisme indépendant puisque notre subconscient essaie toujours d'agir en notre intérêt, avec plus ou moins de succès.

Vous remarquerez que le Différentiel de Josephson est un processus à sens unique. Notre subconscient recherche le malheur extrême chez les autres, mais jamais le bonheur extrême chez ces même personnes. Tout simplement parce que votre subconscient préfère utiliser vos propres références sub-conscientes de bonheurs extrêmes plutôt que d'aller chercher des objectifs potentiellement inaccessibles comme éléments de références.

Il se dit à juste titre que si vous n'atteignez pas vos objectifs de bonheur extrêmes, vous allez créer un deuxième différentiel, entre votre bonheur actuel et vos références de bonheur extrêmes. Ce différentiel supplémentaire entrerait en conflit avec le premier, qui est le Différentiel de Josephson ; L'inconscient qui cherche le « pole du malheur extrême » chez l'autre, et crée le différentiel avec votre

« pole de bonheur extrême » intérieur. Il arrive donc à maximiser votre potentiel bonheur, et ce quel qu'en soit sa valeur initiale. Le Différentiel de Josephson est donc un processus subconscient qui exécute en veille, une régulation émotionnelle constante.

On peut aussi jouer de ce différentiel, et l'utiliser de manière totalement consciente, même si son impact positif est moins important que la calibration inconsciente. Je pense notamment à une conversation à la tournure amusante que j'ai eue avec un ami dont les conditions de travail internes à son entreprise se dégradaient à une vitesse impressionnante, et qui souffrait de cette négativité dans sa vie de tous les jours.

D'autres éléments de stress s'ajoutaient à cela, les radiateurs vieillissants qui ne chauffent plus suffisamment, les voisins bruyants, la porte de parking bloquée qui force à faire le tout le tour de l'immeuble pour pouvoir rentrer chez soi. Des banalités penserez-vous, néanmoins ce sont souvent ces petits détails cumulatifs de la vie de tous les jours qui nous poussent dans nos derniers retranchements émotionnels. Comprenant sa situation, je lui suggère une approche au Différentiel de Josephson et à la manière dont il pourrait jouir d'une calibration consciente. Intrigué, et connaissant mon intérêt pour les exercices sociologiques et mon métier de coach en développement personnel, en même temps amusé et préparé à devoir accepter de jouer les cobayes dans une énième expérience excentrique, il me demande de lui en dire plus. Je lui propose une initiation basique au Différentiel de Josephson par calibration consciente. Je lui expose l'idée que malgré tout cet inconfort, il est mieux loti que le SDF moyen qui doit dormir sur des cartons dans le froid, trouver des abris pour les nuits pluvieuses, et récupérer des mégots de cigarettes pour les fumer après les avoirs re-roulées.

Pour une première prise de température, je lui demande si l'exemple que je viens de lui donner lui remonte le moral. Réponse attendue, il me dit que non, pas spécialement. Nous sommes par temps hiver, il ne fait que quelques degrés au-dessus de zéro, et le temps est légèrement humide. Je l'invite à aller fumer sa cigarette sur le balcon, sans parapluie, et en imaginant, en visualisant les SDF qui sont soumis à cette situation. Situation qui leur est imposée alors que lui « s'offre le luxe » d'aller effleurer cette appréhension, tout en comparant le différentiel entre lui qui provoque cette situation consciemment, et celui qui la subit au quotidien.

Je l'invite à fumer sa cigarette jusqu'au bout et en continuant le travail de visualisation. Quelques minutes après, il revint dans le salon, heureux de mettre un terme à cette séance qu'il qualifia de masochiste. Néanmoins, l'idée de différentiel devint plus claire a son esprit, et il du bien admettre qu'il trouva au moins dans cet exercice, une aide à la prise de conscience pouvant aider à la maitrise émotionnelle. En favorisant le pôle positif interne dont nous disposons en chacun de nous, nous nous permettons de maximiser notre bonheur relatif.

Certaines névroses amplifient cette recherche du pôle négatif chez les sujets qui en sont victimes, et ces derniers vont systématiquement rechercher cette stimulation, que ce soit sur des personnes inconnues ou des amis, de la famille, et même leur partenaire amoureux. En effet, ce processus inconscient comporte des effets secondaires et socialement indésirables.

Comme je vous l'ai expliqué précédemment, votre subconscient recherche le pôle négatif extrême dans tous les contextes qui se présentent à sa portée. Lorsqu'un membre de votre famille, un ami ou un collègue est en difficulté, vous allez être inconsciemment tiraillé dans un dilemme qui oppose votre besoin personnel de polarité négative inconsciente et votre compassion consciente pour cette personne que vous portez en affecte. Étant donné la nature inconsciente et constante de ce processus, une personne n'est donc pas en mesure de se rendre compte lorsqu'elle est en train d'exploiter le pôle négatif d'une personne qui lui est chère, et cette exploitation n'est pas uniquement passive.

Ce que je veux dire, c'est que pour aller chercher ou provoquer le pôle extrême négatif, notre subconscient va parfois nous pousser à une interaction destructrice pour la personne qui est en difficulté, et de qui l'on veut maximiser le potentiel négatif extrême. Vous avez peut-être déjà observé ce type de scénario se dérouler devant vos yeux sans réellement comprendre ce qu'il est en train de se produire, et pour quoi cela se produit. Il peut être difficile de détecter ce genre de situation très perverse, car elle se déroule bien souvent à notre issue.

Vous avez peut-être par exemple été témoin de relation mère-fille difficile, lorsqu'une jeune femme travers l'adolescence ou entre dans le jeune âge adulte et qu'elle commence à rencontrer des conflits sociaux liés à sont évolution personnelle et situationnelle.

On peut parfois voir une mère de famille qui aime sa fille, faire tout ce qui lui semble bénéfique pour l'aider, et pourtant, vous ressentez une certaine forme d'accusation, de culpabilisation dans sa manière de parler à sa fille, vous ressentez une certaine forme de cruauté glaçante et cachée, et n'arrivez pas forcement à comprendre le mécanisme de se sabre à double tranchant. Vous ressentez chez cette femme, à la fois un élan protecteur qui la pousse à ne pas ignorer les problèmes de sa fille, et en même temps cette cruauté inconsciente qui la pousse à aggraver la situation en utilisant des termes ou des réflexions blessantes, parfois même méprisantes. Vous aurez probablement déjà compris que je décris des situations directement liées au processus inconscient qu'est le Différentiel de Josephson. On peut se demander ce qui pousse une femme à aller chercher le pôle négatif chez sa fille, et non pas chez un inconnu de qui elle pourrait accepter le malheur plus aisément. Pour une raison simple, c'est que le subconscient cherche le pôle négatif extrême, autrement dit celui qui représente le plus de potentiel à maximiser le pôle positif interne. Le malheur à tendance à générer une source énergétique différentielle plus importante lorsqu'il touche nos proches, et certaines personnes inconsciemment plus égoïstes que d'autre seront prêtes à accepter de maximiser leur potentiel positif en utilisant une personne de leur entourage.

C'est-à-dire que plus le mal-être interne d'une personne est important (dans notre exemple celui de cette mère de famille qui utilise le différentiel négatif de sa fille), plus cette dernière devient égoïste (mécanisme de survie) et plus elle est prête à accepter la souffrance de personnes qu'elle aime, pour maximiser son Différentiel de Josephson. C'est ainsi que probablement, certains de vos proches pour qui vous ressentez de l'affection, que ce soit des amis, de la famille ou des collègues, vous ont déjà surement blessé en prétextant vouloir vous aider, ou vous réconforter.

Au moment où cette situation s'est produite, vous avez peut-être ressenti d'abord de l'hostilité envers cette personne qui vous déçoit tout à coup, et qui selon votre perception cherche à vous blesser. Vous avez probablement par la suite ressenti des doutes par rapport à vous-même, une perte de confiance en vous et même des fois un sentiment de culpabilité. L'explication à ceci est que les personnes qui vous ont blessé à ce moment la cherchaient à augmenter leur Différentiel de Josephson à vos dépends.

Je dois bien dire que la Téléphasie m'a permis d'identifier ce genre de processus et mécanisme du subconscient, et à faire en sorte qu'ils n'aient plus d'influence négative sur mon existence, ou celle des autres. En éradiquant nos Ancrages Négatifs Inconscients, nous apprenons à gérer ce différentiel, et à ce que notre potentiel bonheur ne soit plus dépendant des autres, et évidemment plus de leur malheur. Il n'y a que de cette manière-là qu'un individu peut équilibrer ses relations familiales et sociales, et se permettre un potentiel d'évolution personnel sans limites. C'est aussi à mon sens ce qui manque à la société de manière générale comme compréhension personnelle, et acceptation du bonheur de l'autre. En pratiquant le développement personnel par la Téléphasie, nous comprenons que le bonheur des uns ne dépend pas du malheur des autres.

Partie II

La dépression nerveuse ou existentielle et le cycle de la reconstruction.

Il y a plusieurs causes et bien évidemment plusieurs formes de dépressions possibles. Il y a notamment deux grandes familles, la dépression nerveuse et la dépression existentielle. Avant de comprendre ce qui caractérise les deux, il faut bien comprendre qu'une dépression a un caractère brusque, violent, soudain, qui se différencie de la mélancolie, du mal-être ou du malheur de vivre, qui sont des émotions plus graduées et plus nuancées. Il faut aussi savoir faire la différence entre le manque de bonheur, le malheur, et la dépression.

Le bonheur n'est pas un dû, il se gagne. Ne pas avoir de bonheur, ne signifie pas être en dépression. Ne pas avoir de bonheur en revanche, conduit souvent à la dépression. Une dépression est caractérisée par un différentiel émotif brusque, par un dérèglement de ce qu'on appelle le « Bias » en coaching.

Le Bias est la déviation mesurable entre votre état émotionnel et votre raisonnement factuel en comparaison des éléments extérieur. Quelqu'un qui est en bonne santé, ne sera pas d'humeur mélancolique ou triste, si sont environnement extérieur lui est favorable. Au contraire, si vous êtes dépressif, on peut dire que votre bias est déréglé, car vous ressentirez toujours cette humeur négative, même si les éléments extérieur vous son favorables. Ce qui explique que l'état intérieur du dépressif n'est pas directement lié aux éléments de l'extérieur. La preuve est qu'un dépressif ne va probablement pas guérir de sa dépression instantanément grâce à une bonne nouvelle qu'il aurai apprise au cours de la journée par exemple.

C'est une des différences entre un simple déréglage de bias émotionnel et une dépression. Le bias émotionnel peut être rectifié très rapidement. Vous vous levez le matin de mauvaise humeur alors que tout va bien, votre moral peut soudainement remonter si vous apprenez une bonne nouvelle. Si vous êtes en état de dépression, le déréglage bias est beaucoup plus important, et même une excellente nouvelle ne vous guérira pas instantanément. C'est également un moyen de diagnostic assez fiable. Si les bonnes nouvelles que vous recevez de l'extérieur ne suffisent pas à vous rendre heureux, il y a de fortes chances pour que vous soyez sous le coup d'une dépression existentielle.

Il est important de faire le distinguo entre les deux formes bien distinctes de la dépression. La dépression nerveuse, de la dépression existentielle. La dépression nerveuse est très facilement reconnaissable. Elle se manifeste par une instabilité émotionnelle, un sentiment de fatigue, un manque de combativité pour défendre ses propres intérêts, et une hypersensibilité aux critiques négatives. La dépression nerveuse est déclenchée en général par des facteurs de pression environnementaux. Un travail difficile, une famille exigeante, une soudaine perte d'emploi ou d'allocation chômage, le décès d'une personne proche, ou tout autre évènement qui ne peut être accepté et digéré d'un point de vu émotionnel. C'est ce qu'un Processeur en Téléphasie va chercher à déterminer si il apparait que son récepteur est dépressif.

Il va trouver les A.N.I principaux du Récepteur et l'en débarrasser. Lors des sessions, beaucoup de Processeurs se rendent compte des résultats pratiquement immédiats d'une session de processing. Ceci s'explique par le fait qu'un très grand nombre d'individus pense souffrir de dépression existentielle, alors qu'ils sont simplement victimes de leurs A.N.I de surfaces. À l'inverse, lorsqu'il n'y a pas de résultats visibles dès les premières sessions, il se peut que le Récepteur soit en dépression existentielle.

Celle-ci est beaucoup plus grave que la première et est à prendre très au sérieux. La dépression existentielle est d'autant plus dangereuse que la plupart des individus qui en souffrent ne s'en rendent pas compte. Lors d'une dépression existentielle, le déréglage bias semble moins important, car il n'y a pas de fluctuation majeure dans l'humeur du dépressif. Celui-ci finit par « s'habituer » à cet état émotionnel proche de la mélancolie, et n'a donc pas l'impression de faire une dépression.

Ce sont souvent ces individus qui sont le plus en danger, car ils n'arrivent pas à expliquer leur manque de satisfaction de la vie, et ont parfois l'impression que tout vient d'eux-mêmes, et de leur manière de voir la vie. Ils ne savent pas qu'ils sont en dépression existentielle, et ont l'impression que pas grand-chose ne les rend heureux, et que peut être certaines personnes ne sont « pas faites pour être heureuses ».

Ce sont ce type de personnalité « mélancolique réfléchi» qui est le plus vulnérable au suicide. Le dépressif intelligent estime qu'il ne sert à rien de vivre si le potentiel de satisfaction est inexistant. Ce type de dépressif actif, est le genre à prendre des décisions pour sa vie plutôt que d'être passif, ce qui les pousse parfois à attenter à leur propre vie.

C'est en cela qu'un bon Processeur fera rapidement la différence entre un individu qui manque de bonheur, un dépressif nerveux, ou un dépressif existentiel. Il va ensuite permettre à cet individu de comprendre un peu mieux ce qui le bloque à atteindre le bonheur et l'auto satisfaction, en supprimant ses A.N.I. Le sujet va au début de sa dépression être victime d'une névrose émotionnelle forte et négative, qui va mener à la dépression à proprement parler, et cette forme de dépression va ensuite « tuer » les émotions de l'individu. Celui-ci ne prendra plus gout à rien. Ni à la joie, ni à la peur, ni à l'espoir. Même le gout de la nourriture, ne procure plus ou presque plus de salivement, plus d'envie, plus de satisfaction.
Les films, la musique ne procurent plus de plaisir, et la simple idée de plaisir ou de bonheur n'a même plus de sens.

Ce genre de dépression est la plus difficile à traverser, car il faut apprendre au malade à retrouver son quotient émotionnel qui lui permettra par la suite de reprendre les commandes de son existence. Les émotions font parties des composantes humaines, et comme toutes les autres, nous devons garder un juste équilibre quantitatif. Les déprimés qui sont sujets à cette perte émotionnelle ne sont pas des personnes qu'il faut chercher à consoler ou à faire rire, car elles sont dans une phase ou l'idée du bonheur, du rire, de se sentir bien tient de l'absurde.

Cet état névrotique de défense de dernier rempart est déclenché par un anesthésiant émotionnel subconscient, sensé soulager du traumatisme qui a enclenché la dépression. Paradoxalement, c'est plutôt l'effet contraire qui a tendance à se produire. Le conscient et le subconscient on tous les deux besoins de ce capital émotionnel pour vivre, j'irais même jusqu'à dire pour survivre, et ce manque de sensations émotionnelles provoque un vide, aspirant le malade dans un cercle perpétuel d'autodestruction. Le premier réflexe des proches est de vouloir soutenir et « divertir » celui qui souffre. De vouloir lui ouvrir un regard positif sur des situations qui ne s'y prêtent pas forcément. Ils veulent souvent contrer le négatif avec du positif, même lorsque ce regard positif sur une situation n'a aucune objectivité réelle. Ils veulent devenir l'antipode du malheur, alors que c'est justement le bonheur qui a été la cause du malheur. Le bonheur, qui en s'effaçant, parfois de manière brusque et injuste va causer le malheur de celui qui déprime.

Celui qui déprime va donc cultiver une haine du bonheur et une adoration, une accoutumance au malheur. Le malheur qui lui, ne trahit pas. Toujours fidèle, que vous en fassiez un ami ou une raison de vivre, il sera toujours au rendez-vous si vous lui laissez ne serait-ce qu'une petite porte d'entrée à votre existence. En définitive, celui qui se fait l'ami du bonheur, ce fait l'ennemi de celui qui déprime.

En référence à la bonne vielle règle de trois, les amis de mes ennemis sont mes ennemis. Il faut donc avoir une méthodologie plus pure, qui permettrait de ne pas impliquer un conflit émotionnel dans la thérapie reconstructive de celui qui déprime. Dans les thérapies d'aujourd'hui, les malades et les thérapeutes passent à côté d'un trésor qui est le vide. Ces individus en souffrance vont ressentir une dépendance à cette souffrance pour plusieurs raisons. La première est la plus simple à comprendre. C'est que le « malade » ne ressent plus d'émotions, et il est durement affecté par ce manque que l'on peut comparer à un manque de sucre ou de vitamine pour le corps. Il va donc rechercher à ressentir à nouveau quelque chose, ce quelque chose qui servira à remplir le vide que ressent celui qui déprime.

La seule source d'émotion qui est à sa disposition est la dépression en elle-même. C'est un cercle vicieux destructeur lorsqu'il n'est pas pris en compte et guéri. Celui qui déprime va ressentir de moins en moins d'émotions, et donc de plus en plus accepter de se laisser envahir par les émotions négatives auto générées par son état de dépression. Ces émotions négatives étant les seules disponibles sur l'étalage émotionnel du dépressif. Il y a une autre raison pour laquelle le dépressif devient dépendant à sa négativité.

La positivité, le bonheur, sont des émotions beaucoup moins fidèles. N'importe quel être humain qui se laisse aller peut être malheureux toute sa vie. C'est facile d'être malheureux, c'est à la portée de tout le monde, c'est accessible. Votre malheur vous est fidèle, il ne vous quittera pas pour un oui ou pour un non, contrairement au bonheur. Le bonheur est comme un papillon. Léger, imprévisible. Lorsque vous arrivez à l'attraper, vous êtes déjà heureux de votre exploit. Ensuite, vous désirez le garder, car il vous rend la vie agréable. Alors vient la difficulté. Il faut le serrer assez fermement pour qu'il ne s'échappe pas, mais pas trop brutalement non plus, car sinon vous le tuez. Le malheur lui, est un boulet enchainé à votre cheville qui aime votre compagnie, et qui est prêt à vous épauler dans toutes les étapes de votre vie, jusqu'à votre dernier souffle.

Contrairement au bonheur, le malheur n'a pas de limite.
Un être humain peut toujours descendre un cran plus bas dans sa déchéance. Le risque de cette forme de dépression sur le long terme est de voir le dépressif aller flirter avec des zones de plus en plus sombres de son existence. En effet, l'individu qui se trouve dans cet état émotionnel n'as plus toute sa jugeote, et va parfois élaborer des théories un peu tirées par les cheveux.

Par exemple, l'erreur de croire que le malheur à une limite va pousser le dépressif à vouloir prendre des raccourcis, et à s'infliger les pires malheurs par sa propre action. Il pense de ce fait qu'il pourra anticiper la résultante de ces malheurs, et donc en être libéré plus rapidement. La réalité, c'est que cet état de vide total que ressens ce lui qui déprime, est sans doute le plus beau cadeau existentiel qu'un être humain puisse recevoir. Lorsqu'il y a le vide, il y a la place. Tout devient possible.

Il ne faut pas en avoir peur. Ne pas avoir peur de ne plus pouvoir être satisfait par des biens de consommation classiques. Ne pas avoir peur de ne plus aimer regarder la télévision, ou de ne plus ressentir le besoin d'acheter, ou de posséder. Il ne faut pas chercher à combler ce vide par des distractions exutoires primaires, par de nouveaux désirs de consommations compensatoires ou même des anti-dépresseur, la drogue du pauvre de l'esprit, la drogue du pauvre de l'âme.

La réalité c'est que les malades qui sont sous anti-dépresseurs sont des drogués qui ne cherchent pas à guérir. L'alcoolique a l'honnêteté de ne pas se mentir à lui-même et aux autres, il n'essaie pas de faire croire que son alcoolisme le guérira de la dépression. L'héroïnomane ne feras pas croire à sa petite fille de dix ans que ses injections son curatives. Mais celui qui est sous anti-depresseur lui, a tout loisir de tromper son monde, y compris sa famille et les proches. Il peu consommer en toute légalité pénale et morale. Il peut justifier à ses enfants la prise de drogue et la passivité maladive qu'elles vont générer chez le lui.

Il est conscient que sa prise de pilules ne le guérie pas et même pire, qu'elle l'éloigne de plus en plus de la réalité.

C'est exactement ce que recherche un junky en prenant sont shoot, c'est exactement ce que recherche le dépressif qui se fais prescrire des anti-depresseur.

Vous allez me dire, ce n'est pas de sa faute, si il y a quelqu'un à blâmer c'est le psychiatre qui lui a prescrit les pilules, qu'après tout il prend un traitement, qu'il essaye quelque chose... La plupart de ces gens prendrons leur médicament à vie, d'une pare parce qu'ils sont addictifs et d'autre pare parce qu'ils sont inefficace contre la dépression. Le dépressif le sait...dès la première prise.

Les dépressifs qui se son essayés aux médicaments comprennent qu'ils ne sont pas efficaces. Une complicité tacite se noue entre le psy qui veut vendre sa drogue, et le malade qui veut se soulager à moindre frais. Par moindre frais, je ne fait pas référence à l'implication financière, mais des efforts existentiaux que demande la reconstruction personnelle.

À ce moment la, on ne peut plus extirper le malade de sa descente aux enfers puisqu'il est protégé par le diagnostic du dealer, et qu'il n'y a que le patient et son fournisseur qui savent vraiment de quoi il en est. L'effet ressenti de ces anti-depresseurs est comparable à celui d'une drogue, ils brouillent vos pensées et donc vous éloignent de ce que vous êtes réellement, vous décalent de la réalité. Le dépressif le ressent des la première prise, et pourtant il va continuer. Que cette personne soit mère de famille, ou qu'elle ait d'importantes responsabilités, celle-ci va tout de même consciemment accepter de s'éloigner de la réalité, et d'abandonner sa famille dans un monde qui lui semble trop dur à vivre.

Ce vide, il faut prendre le temps de l'observer, de l'apprivoiser. De regarder cet espace de liberté qu'il a générée. Il ne faut pas chercher à combler ce vide, mais à construire, reconstruire, à l'image que l'on veut. Il faut utiliser cet espace de liberté, car vous êtes libre. Il faut utiliser cette liberté, cette renaissance, pour appréhender sous un autre regard les éléments qui composent notre existence. Avoir un regard différent sur les buts que l'on a dans la vie et ce qui peut nous rendre heureux. Cela donne la possibilité au dépressif, de redécouvrir son intérieur, avec un regard d'enfant.

Pensez à un voyage. Lorsque vous atterrissez dans un pays que vous ne connaissez pas. Que vous allez découvrir l'architecture des villes, sa population, ses couleurs et odeurs, vous ressentez une excitation très enfantine.

Celle de découvrir. D'être placé dans un contexte qui n'est pas le vôtre, d'avoir un regard naïf et émerveillé, d'être capable tout simplement de vous laisser submerger par des sensations que vous n'avez plus ressentis depuis l'enfance. C'est exactement cette sensation que va ressentir le dépressif, après avoir fait son cursus d'apprentissage de la Téléphasie. Il va être en mesure de se laisser surprendre par des aspects de sa personnalité, de se laisser le droit de se redécouvrir lui-même, de connaitre les sources de ses problèmes, de savoir gagner un équilibre existentiel et faire en sorte que les problèmes de sa vie ne soient plus des problèmes, mais simplement des variables additionnelles à gérer.

La deuxième forme la plus courante de dépression nerveuse est celle qui exacerbe les émotions. Le sujet a les « nerfs à fleur de peau ». Un rien peut déclencher une colère violente, les larmes, la joie, la mélancolie…

Chaque émotion est comme multipliée par dix. Le dépressif va avoir tendance à passer par plusieurs états émotionnels très différents dans une même journée. Ce type de dépression a plutôt eu tendance à être marginalisé jusqu'à aujourd'hui, tout simplement, car elle touche plus souvent des couches sociales d'un certain niveau. En gros, c'est la « dépression de l'artiste », du bobo qui cherche l'attention. La dépression de l'âme seule.

Ce type de dépression affecte plus particulièrement les femmes, souvent des femmes qui ont été choyées dans leur enfance, et qui ne supportent pas d'être considérés comme des adultes et non plus comme des enfants rois. Ce type de névrose peut rester enfouie au fond de la personnalité d'un individu, jusqu'au jour où elle va éclater à cause d'un manque d'affection, un sentiment de solitude, de doute, ou de manque confiance en soi. À l'inverse de la première famille de dépression, celle-ci va créer un ouragan émotionnel qui déstabilise l'individu. Comme je vous l'expliquais précédemment, chaque être humain à besoin d'un quotient émotionnel en juste équilibre avec la rationalité, le bias. Lorsque le quotient émotionnel n'as plus aucune synchronisation avec le rationel, l'individu va de plus en plus se laisser guider par des sensations émotionnelles impulsives, et de moins en moins par un travail de réflexion rationalisée. Sa vie va devenir peu à peu un patchwork incompréhensible de problèmes, de dilemmes, de déception et de larmes. Il devient crucial et même vital pour le dépressif de se prendre en main, et d'entreprendre une méthodologie qui lui permettra de chasser ses émotions et reprendre le contrôle par la rationalité.

La Téléphasie offre naturellement cette approche de la rationalité. Le sujet y apprend à chasser les dogmes et idées reçues avec lesquels il a grandi. Il apprend à créer son propre espace de possibilités. Les antidépresseurs ou autres supposés médicaments contre les accès d'humeur ou les formes de schizophrénies, ne sont que des drogues sensées incapacité le sujet de manière à ce qu'il ne puisse pas nuire gravement à la société. En aucun cas, ces sois disant médicament ne soignent. À aucun moment le dépressif ne réapprend à contrôler, voir refouler ses émotions et faire preuve de rationalité. À aucun moment il n'apprend, à être celui qui décide, et non celui qui subit. Je pense que chaque être humain doit avoir l'occasion d'être responsable de sa vie, d'être responsable de ce qui lui arrive. Non pas dans une optique de culpabilisation de la personne, mais au contraire, si l'on considère être responsable de ce qui nous arrive dans la vie, alors nous pouvons être responsables de notre succès et des décisions que nous prenons.

L'homme qui accepte la responsabilité de sa vie accepte de recevoir la clef du succès. Je crois que chacun doit avoir sa propre définition du bonheur et de l'extase. Je crois que l'extase, c'est la possibilité de faire des choses au cours de notre vie qui dépassent le contexte même de notre existence. Je crois que lorsque l'homme prend la mesure de l'homme, il devient alors capable d'être, de devenir, de ressentir, de laisser exprimer en lui et son univers la magnificence d'une conscience commune, ou la vie et la mort n'aurait qu'une même origine, issue de notre recherche de spiritualité et d'harmonie existentielle.

Les ramifications de la Téléphasie

La Téléphasie comporte plusieurs divisions de domaines d'application dont je vais vous parler sans plus attendre. Le développement personnel conduit à l'exploration de la nature humaine par des exercices avancés d'introspection et lecture mentale. Ces exercices sont toujours conduits dans un état de conscience avancé proche de la méditation, que les Téléphasiste nomment la « CA ». Le développement personnel s'adresse à tous. Il n'a rien à voir avec une thérapie, mais serait plutôt comparable au coaching sportif de haut niveau sur le plan psychologique et spirituel.

Anciennement réservé aux élites politiques et économiques, puis enseignés aux managers dans les années soixante dix, il parait aujourd'hui évident pour tout le monde que le développement personnel est bénéfique dans chaque une des relations interpersonnelles de la vie de tous les jours. Certaines méthodes parfois figées dans le temps mériteraient d'être revues régulièrement, car il est évident que notre société évolue très rapidement.

Les hommes et les femmes d'aujourd'hui étant confrontés à des questions existentielles qui ont évolués, et ne sont pas forcément appréhendables avec la même approche que celles d'il y a trente ans. Le développement personnel est un concept apporté par les philosophes, qui ont été les premiers à saisir l'importance d'une alternative à l'automatisation de l'être humain au profit de l'industrie. Les capitalistes étant plus terre-à-terre à leur manière, préféraient jusqu'à lors s'appuyer sur les obligations qui incombent à chacun au sein de l'entreprise ou de la famille. Par la suite, ces derniers ont fini par comprendre qu'avec la modernité croissante des méthodes de communication et d'apprentissage relationnel, il était important de savoir rassembler les individus autour d'une idée forte, de faire preuve de charisme et de leadership. Puis, les sociologues ont réalisé toutes les ramifications de ces méthodes qui sont parfaitement applicables et même nécessaires, en dehors du milieu professionnel, par exemple dans le milieu familial.

Les étapes du développement personnel en Téléphasie sont simples. Les pratiquants étudient avec leur coach, ceux qui viennent étudier ensemble peuvent donc s'épauler entre amis et découvrir cette discipline ensemble. Ceux qui viennent seuls, auront la chance de rencontrer des Téléphasistes et pourrons choisir celui ou celle avec lequel ils suivront leur apprentissage. Le développement personnel est une démarche de travail sur soi-même qui permet d'apporter un certain nombre de réponses à des questions inhérentes au passé, au présent et au futur. Nous retrouvons les domaines d'études suivant dans la plupart des programmes de développement personnel :

- Spiritualité et Psychologie

- Culture physique
- Activités professionnelles
- Communication
- Connaissance de soi

Cette schématique simpliste dégrossie la base de problématiques existentielles. Les problématiques et succès de la vie sont comme une roue qui tourne en permanence, perpétuellement en mouvement, elle ne s'arrête jamais de tourner, plus ou moins rapidement selon les individus, et les différentes étapes de leur vie. Certaines personnes ont peur de la réussite ou du bonheur parce qu'ils redoutent de perdre tout ce qu'ils pourraient avoir acquis. En effet, beaucoup d'individus redoutent la déception, la trahison ou la lassitude, et vont au fil du temps se créer une carapace de béton qui va servir à inhiber au maximum leurs sentiments.

D'autres à l'inverse, se sentent pratiquement invincibles dans la réussite et le bonheur, et pensent être à l'abri de tous les malheurs. Je dirai que peu de gens ont conscience que la vie est une roue qui tourne, et que chaque problématique résolue doit forcément laisser place à une autre. Il y a comme une forme d'équilibre déséquilibré du bonheur qui fait que dans chaque bonheur il y a une potentialité de malheur et vice et versa. La société d'aujourd'hui tend à gommer cet aspect indéniable de la vie, pour faire place au fantasme d'un idéal créé par le besoin de consommation. Notre désir de bonheur et de stabilité fait évidemment les choux gras des commerciaux et produits marketings. Les produits et biens que nous consommons sont censés nous apporter du bienêtre. En nous divertissant, en nous permettant de ne plus penser aux réalités de notre vie, étant trop occupés à trouver quelque chose de nouveau pour nous distraire, et nous démarquer socialement.

La télévision véhicule le fantasme de l'homme parfait, qui jouit de tous les biens qui lui sont accessibles, qui n'a que des soucis dérisoires ou au contraire des aventures qui sont bien au-delà de ce qu'un être humain peut espérer de son quotidien. Je peux citer comme exemple les séries américaines les plus connues, dans lesquelles les adultes sont dépeints comme des enfants éternels et insouciants. Dans la première, une série ou un groupe de personnes d'un certain âge vit en colocation. Les problèmes sont dérisoires et les personnages enfantins. Nous pouvons y voir une bande de trentenaires épanouis, heureux d'être ensemble et de partager leur vie.

Leur comportement est infantilisant au maximum, plongeant le spectateur dans un état de conscience altéré. Les gags sont très simples à saisir et bon enfant, ce qui demande très peu de ressources émotionnelles au spectateur, qui se laisse transporter dans un univers amusant et attirant par sa douceur, et qui n'est en aucun cas le reflet de la réalité. Les personnages adoptent des comportements de collégiens alors que certains d'entre eux sont diplômés de grandes écoles, acteurs, hommes d'affaires, etc. (dans le rôle qui leur est affecté)... Ce qui n'est absolument pas naturel, et qui forcement représente une manière de vivre beaucoup plus amusante et réconfortante, que la réalité de tous les jours et ses problèmes. En quelque sorte, on explique au téléspectateur que l'accomplissement personnel c'est de faire l'imbécile pour faire rire ses amis. En ce qui concerne la deuxième série que j'ai envie d'évoquer, les aventures sont tirées de la réalité, mais confiées à un être humain hors-norme dans ses capacités et ses qualités. Il est membre d'une unité d'élite antiterroriste, mais à l'apparence d'un bon père de famille, ne semble pas handicapé par son embonpoint, et est capable de se sortir de n'importe quelle situation grotesque en passant des coups de fil.

Courageux, à la pointe de la technologie, viril, il a tout de l'homme moderne. Un job non routinier avec beaucoup d'action, une belle voiture et belle maison, il arrive à jongler entre les problèmes gouvernementaux et complot internationaux et ces problèmes de famille. Au final, on peut retrouver une constance dans ces séries d'aujourd'hui. Malgré leur caractère divertissant et populaire, elles ont toutes pour effet d'inséminer une confusion existentielle chez les individus, en les plongeants dans des modèles de réalité totalement opposés à ce qu'ils vivent au quotidien. Il y a un vide qui sépare l'homme « normal » de cet idéal fantasmagorique que chacun va chercher à combler par la consommation. Les produits, les objets que nous possédons nous différencient de nos semblables. Pour se rapprocher au plus possible de leur idéal, les individus vont chercher dans un premier temps à se différencier des autres, en se caractérisant avec leur bien de consommation. Ils vont vouloir gagner le respect par leurs possessions. Lorsqu'un homme achète une voiture neuve de marque luxueuse, il sait très bien que le regard des autres sur lui va forcément changer. Ce comportement éloigne la population de son objectif réel et de sa propre conception du bonheur et de la réussite. Lorsque l'on passe sa vie à s'éloigner de sa destination et que l'on sent rend compte tout à coup, il est toujours plus difficile de rebondir.

Ce genre de prise de conscience, lorsqu'elle n'intervient que tardivement, peu mener à la dépression ou au suicide. Pire encore, certaines personnes se font prescrire des séances chez un psychologue. Il va de soi que le développement personnel est devenu une alternative beaucoup plus adaptée à celui qui veut comprendre et réussir.

Lorsqu'un homme ou une femme est capable de se caractériser par son identité globale plutôt que par ses habitudes de consommation, il devient beaucoup moins vulnérable à la pression de la société sur sa personne. Lorsque quelqu'un ne sait pas comment être intéressant sur le plan humain, il trouve rassurant de posséder et de pouvoir parler de ce qu'il possède. Il trouve rassurant de pouvoir montrer ce qu'il possède, et de voir son identité sociale se forger en fonction du regard des autres, mais surtout du cliché que renvoie son image.

Ce qui veut dire que cette personne n'a pas d'identité propre, mais aussi que son identité se détermine par des facteurs extérieurs, plutôt que par des traits de personnalité.

Autrement dit, si vous vous caractérisez par ce que vous achetez, vous n'existez pas. Vous n'existez pas, car si vous êtes amené un jour à évoluer dans un contexte où ces produits n'existent pas ou plus, votre semblant de personnalité disparaitra du même coup.

Je peux vous donner l'exemple de ceux qui désirent arrêter de fumer. Pour arrêter de fumer, il faut déjà avoir commencé. Connaissez-vous beaucoup d'adultes qui commencent à fumer entre vingt et quarante cinq ans? Non. La raison est simple, les fumeurs commencent à l'adolescence dans le but se forger une identité sociale. Car il faut être réaliste, la cigarette, à par l'identité sociale n'apporte que très peu de bénéfices.

Quel fumeur débutant apprécie la mauvaise haleine, le gout infâme de la fumée, les émanations qui piquent le nez, ou encore les sensations de vertige ? Aucun. Pourtant, ce fumeur débutant va littéralement se forcer à fumer jusqu'à la dépendance. À part un adolescent en recherche d'identité sociale, qui pourrait du jour au lendemain commencer à fumer ? Maintenant que nous sommes objectivement d'accord sur le fait que les fumeurs ont tous été à un moment de leur vie en recherche d'identité sociale, qu'est-ce qu'il se passe lorsqu'ils veulent arrêter ?

Pourquoi est-ce aussi difficile de devenir non-fumeur malgré tous les substituts, les patches, les fausses cigarettes, chewing-gum et j'en passe ? Tout simplement parce qu'il est plus dure pour un fumeur de devenir conceptuellement non-fumeur, que d'arrêter la consommation de nicotine. Ce qui est difficile pour le fumeur, c'est de changer de personnalité. De laisser tomber quelque chose qui aura longtemps fait partie de son identité sociale. Il a donc la sensation de devenir quelqu'un de totalement différent en devenant non-fumeur.

C'est un rôle social qu'il n'a pas forcément envie d'adopter. C'est la consommation de cigarette qui contribue à l'identité sociale d'un fumeur, et personne n'a envie de perdre son statut ou son identité sociale si durement acquise. Lorsque j'aide un fumeur par le coaching, je lui apprends d'abord à être propriétaire de son identité sociale par le développement personnel et par le charisme, plutôt que par la consommation. Par la suite, lorsque le fumeur a opéré son transfert d'identité sociale de sa consommation à son existence en tant qu'être humain, nous pouvons commencer le travail de sevrage à proprement parler. En utilisant cette méthodologie qui consiste à d'abord supprimer les A.N.I et ensuite seulement combattre la dépendance, j'ai réussi à avoisiner une moyenne de résultat de quatre-vingt-dix-neuf pour cent de réussites sans rechutes. Le fait d'arrêter de fumer par cette méthodologie est efficace non seulement pour la rigueur personnelle, mais également pour réaliser qui l'on est vraiment, et ce que renferme notre personnalité, sans les artifices de consommations qui détournent notre identité sociale.

J'ai par exemple été témoin de cas ou le non-fumeur se rend compte tout à coup qu'il aime sa femme à qui il faisait les pires reproches en permanence. Qu'il ne déteste pas son patron et qu'il ne partira plus en pause clope avec des personnes qui finalement ne correspondaient pas a ce qu'il est vraiment, mais qu'il fréquentait parce qu'ils étaient fumeur tout comme lui et que c'est ennuyeux d'aller en pause tout seul. C'est ainsi que le développement personnel favorise la prise de conscience.

Et vous l'aurez compris, je ne parle pas seulement de découvrir un concept de vie, mais de passer à travers une révélation, une prise de conscience qui vous ouvre des perspectives de compréhension sur des domaines de votre vie que vous ignoriez complètement auparavant. Par le développement personnel, un individu comprend ce qui lui manque pour maitriser sa vie, et apprend à se connaitre dans des perspectives nouvelles.

Les études et la « R&D » Téléphasique.

Constamment, les membres du département « recherche et développement » font évoluer les mentalités, démontrent l'absurdité de certaines idées préconçues, et expérimentent de nouvelles méthodes d'interactions homme-homme et homme-machine. Nous avons ainsi développé une méthode d'apprentissage totalement innovante pour la Téléphasie, mais qui est tout aussi efficace a un apprentissage général, par exemple celui d'une langue étrangère, des mathématiques et toute autre discipline qui nécessite de la mémoire et une capacité analytique. Il est fort probable que les grandes entreprises de demain et les centres de formation professionnelle aurons recours cette technique d'apprentissage.

Cette méthode, peu couteuse et efficace, est basée sur l'encrage de la connaissance par l'utilisation de tous les sens cognitifs. Utilisé selon le schéma découvert par la

Téléphasie, il permet cette fois-ci de contraindre l'esprit réactif à se mettre en marche dans l'intérêt de l'esprit constructif. Je suis très fier de pouvoir dire que j'utilise un des plus gros défauts du mécanisme cérébral à l'avantage du développement personnel. C'est ainsi qu'en Téléphasie, nous utilisons toutes les failles du cerveau et de la personnalité humaine pour au contraire en faire des qualités d'apprentissage. Beaucoup pensent que l'on apprend mieux lorsqu'on est jeune. La seule raison à cela est qu'une jeune personne à moins d'A.N.I qu'un adulte. Le jeune a donc un subconscient qui est moins encombré, plus saint, et prêt à recevoir un nouvel enseignement.

La Téléphasie réactive cette partie du cerveau chez l'adulte, pour lui permettre un apprentissage accéléré. Cette méthode d'apprentissage qui utilise de nombreux dispositifs mnémotechniques, et sensoriels est à la foi surprenante et naturelle. Pour ces séances, l'étudiant Téléphasiste se rend dans une salle d'étude équipée pour l'occasion et prend place dans un fauteuil un peu particulier. Ce fauteuil, très confortable et ergonomique est tout d'abord étudié pour avoir les propriétés suivantes.

Position intermédiaire, vous êtes assis dans une position qui se situe entre celle du repos/relaxation (sensation comparable lorsqu'on est assis dans son canapé devant la télévision), et une position assise dite active (sensation d'être assis sur une chaise au bureau ou dans un espace public comme une gare). Cette position intermédiaire permet d'être relativement relaxé en gardant le sujet en éveil actif. Cette position, génère à elle seule une sécrétion d'endorphines par le corps, ce qui va plonger l'étudiant dans un état de bienêtre et d'attention. En addition l'étudiant va utiliser ses cinq sens cognitifs pour opérer un ancrage dans la mémoire et le subconscient. Le fauteuil est équipé d'une poignée sensorielle, d'un globe sonore surround, d'un système de vibration calculé sur des fréquences hertziennes précises, ainsi qu'un diffuseur olfactif. Un opérateur va stimuler l'étudiant selon un schéma d'intervention bien précis, qui est en concordance avec son rythme de lecture, d'audition et de compréhension.

Cette méthode de stimulation cérébrale et sensorielle offre des rendus fantastiques sur la plupart des individus, et ils arrivent à imprimer des informations de manière durable et ludique. C'est au premier abord surprenant, voire amusant, et lorsque l'étudiant observe l'efficacité d'une telle méthode, il comprend tout de suite les applications possibles dans tout type d'enseignement (langues étrangères, informatique, mathématiques, etc.).

Ce type de technologie qui peut être utilisée dans n'importe quel contexte est le fruit d'une compréhension sur le mécanisme cérébral, et l'interaction du conscient et subconscient. Lorsque le Téléphasiste atteint un niveau intermédiaire, il est ensuite capable de reproduire ces techniques en automatismes (sans le fauteuil) et sans même devoir y réfléchir, ce qui va libérer de la mémoire vive de certains clusters cérébraux et sera utilisé par d'autres ramifications. L'apprentissage devient donc plus facile, plus rapide et plus intensif. Il y a huit niveaux d'apprentissage spirituel, et plus le pratiquant agrémente ces connaissances et plus il devient facile pour lui d'appliquer la méthodologie, et bien sûr de la mettre à profit dans ses activités professionnelles, personnelles et familiales.

Certains Téléphasistes très intéressés par l'apprentissage linguistique ont utilisé leurs aptitudes nouvelles et la technologie disponible à IH France pour apprendre parfois jusqu'à cinq langues en deux années de travail modéré. Notre département R&D conduit également des recherches sur commande, principalement dans le secteur privé, notamment pour expliquer et diriger des réactions de consommateurs, pour des design ergonomiques de machine d'assistance pour les personnes âgées, pour conduire des études comportementales dans des lieux publics, ou tout autres activités de recherche et analyse dans le domaine cognitif.

Les résultats sont ensuite transmis au client, à qui nos coachs expliquent comment utiliser les données pour rendre efficaces leurs stratégies de communication et d'interaction avec le public. Nous avons par exemple, pour un projet d'architecture « d'urgence » (systèmes d'évacuations, indications, systèmes de prévention, etc..), développé un logiciel capable de prédire les mouvements de panique de la foule, en fonction de l'architecture en question. Ce logiciel nous permet de donner des conseils sur la communication d'urgence et l'anticipation de catastrophes.

L'initiative d'aide humanitaire d'IH France.

IH France, institut par lequel est enseignée la Téléphasie à travers le monde, mène des actions humanitaires, aussi souvent que possible. Il nous semble important, dans la continuité de notre philosophie de développement personnel, d'aider les plus démunis à subvenir à leurs besoins les plus primaires. Un grand nombre de membres d'IH France sont des gens bien insérés dans la société, qui ont un emploi lucratif et désirent aider les autres. Certains ont déjà un vécu en milieu humanitaire et ont parfois été déçus par la gestion quasi inefficace des plans d'aides proposés, ainsi que par la dérision du bien apporté à la population dans ces missions.

Des volontaires, donateurs, médecins, manutentionnaires sont à l'œuvre lorsqu'il est possible d'aller aider, à n'importe quel endroit de la planète. Notamment en France, où le nombre de travailleurs pauvres est en constante augmentation, ainsi que le nombre de chômeurs non indemnisés. Il y a une idée reçue qui laisse à penser que l'humanitaire est utile uniquement dans les pays du tiers monde, mais la pauvreté est souvent non loin de nous, au palier de notre porte. L'aide que peuvent apporter les Téléphasiste n'est pas uniquement une d'ordre financier. Ils apportent aussi un soutien moral et psychologique, grâce à leur connaissance en spirituelle, philosophique et empathique.

Il faut savoir que la première cause de mortalité en France chez les vingt-cinq / quarante-quatre ans est le suicide. Cela démontre bien encore une fois la difficulté que nous avons à subir le mode de vie sociale actuel. Les problèmes sociaux ont toujours existé me direz-vous, et la vie n'est pas facile, c'est une certitude. Mais est-il normal que la première cause de mortalité de l'homme soit lui-même ? Dans un système dit « social » ? Il est important que l'homme devienne un remède pour l'homme et non pas une cause de mortalité. C'est du moins ce que nous pouvons attendre d'un système social.

C'est pourquoi nous sommes présents en tant que Téléphasistes, mais tout simplement en tant qu'êtres humains, là où la dignité et le droit à la vie de nos semblables sont bafoués. Nous organisons, chaque fois qu'il est possible de le faire, des voyages au bout du monde, ou nous allons établir campement pour une période de deux semaines à trois mois, dans le but de faire connaissance avec la population, et aider sur le plan social. Forts de ces expériences, le coach et Processeurs se nourrissent également de ses moments de vie hors du commun, pour mieux se connaitre, comprendre les autres, et apporter une aide efficace là où elle est nécessaire. Lorsque le Processeur se retrouvera confronté à un individu fortement déprimé, négatif et parfois même suicidaire, il ne sera pas désarmé par la misère humaine, ayant une expérience de terrain et une méthodologie efficace en laquelle il voue une confiance sans limites.

Le service Intégrité éthique et Communication publique.

Les employés IECP se portent garants de plusieurs valeurs indispensables au bon fonctionnement de l'association IH France, aussi bien dans la gestion des affaires administratives internes, que de l'image publique de l'association dont je suis le fondateur. Ce département est en charge du contrôle de l'image publique de notre association, des relations de partenariats, et aussi de la sécurité physique des dirigeants.

Le IECP été créé à l' origine d'une anecdote plutôt sombre, à laquelle je pense encore tous les jours. Il y a sept années de cela, mon partenaire de recherche, un scientifique Autrichien nommé Aleister Zoidberg fit une découverte assez surprenante dans le domaine des nanotechnologies. En menant ses recherches pour un projet IH World nommé « Cybernetic Wealth of the Nanotech », il fit la connaissance d'un homme d'affaires russe du nom de Dmitriev K., lors d'un dinez-colloque sur l'énergie atomique à Kiev, se déroulant chaque semaine du mois de septembre de l'année deux mille sept.

Ce dernier, PDG d'une entreprise de sécurité électronique et réseau se présentait comme étant porteur d'un projet de développement en matière d'automatisation des contrôles de sécurité au sein des sites nucléaires les plus sensibles tels que les centrales, et les vaisseaux de guerres à charges militaires non conventionnelles. Il fit deux longues allocutions durant ce dinez, et fut présenté à Aleister qui assistait aux présentations depuis une table non loin de l'estrade.

Dmitriev, diplômé de physique nucléaire et passionné de technologies, tentait par l'intermédiaire de ces différents évènements, de vendre une architecture basée sur une étude biométrique et informatique, qui consistait à remplacer trente pourcent des routines de sécurité énergétique du personnel employé sur place par des systèmes informatiques (cloud computing), et à re-modéliser en grande partie les architectures de contrôle de sécurité en vigueur. Très décrié par des lobbies locaux d'écologistes et littéralement harcelé par des syndicats d'extrême gauche clandestins, il vivait sous une pression extrême ces dix dernières années. Ses bureaux on plusieurs fois été cambriolés, des documents ont été subtilisés, et une de ces boites mails piratés. Des rumeurs ont même circulé, faisant état d'une collaboration étroite entre Dmitriev et le gouvernement ukrainien, notamment en matière de financements occultes. C'est en tout cas la version qu'il donna à Aleister, avant de lui présenter un fragment de son projet dont il avait une copie documentée sur clef USB (« non sécurisée », précisera Aleister). Ils eurent un long moment de conversation, durant, lequel Dmitriev signifia à Aleister, son intérêt pour l'intégration de la cyberbionique dans l'élaboration de systèmes de sécurité. L'échange qu'ils eurent à ce propos restera confidentiel, mais Aleister rapporta plus tard que les recherches de Dmitriev tenaient plus de la théorie expérimentale que d'un exposé de données exploitables.

Il en ressortait plus que Dmitriev disposait de ressources financières sans limites pour ce projet, mais persistait un vide béant concernant les ressources scientifiques permettant d'y aboutir. Il fallut d'ailleurs très peu de temps à Aleister pour comprendre que ce que proposait Dmitriev concrètement n'était autre qu'un financement de source confidentielle. Ce dernier mit fin à la discussion et Dmitriev quitta l'évènement, son attaché-case sous le bras. Aleister me contacta par téléphone à une heure du matin, juste après la clôture du colloque.

Il me mit au courant de sa discussion avec Dmitriev, et me fit part de ses doutes, et de sa consternation quant au fait que Dmitriev soit reparti en « oubliant » d'emporter sa clef USB. Après inspection, il s'est avéré que cette clef USB ne contenait rien d'autre que des schémas classiques d'architecture réseau informatique, mais surtout une liste de contact très précise, avec une mention contenant la fonction professionnelle des individus répertoriés, ainsi que leur intérêt en matière de recherche.

Hauts fonctionnaires, hommes d'affaires, et même des personnalités de la bourgeoisie totalement profanes au milieu de la recherche. Également quelques noms de personnes peu recommandables, ayant déjà eu des déboires avec la justice ou même des liens d'amitié explicite avec des personnalités du grand banditisme et du milieu de la mafia. Chacun est libre d'avoir sa propre interprétation quant aux intentions de cet homme d'affaires, mais en ce qui concerne Aleister, il décida quelques semaines après cet évènement, de léguer le contenu intégral de sa recherche à un autre scientifique, et de déménager sous un nom d'emprunt.

Je n'ai plus jamais eu de nouvelles d'Aleister, et les recherches des agents IECP sur Dmitriev K. se sont portées vaines. Aucune plainte pour disparition n'a été acceptée par la police, Aleister étant adulte, la loi n'interdis pas sa disparition. D'ailleurs, rien ne prouve qu'Aleister n'ai été « victime » de quelqu'un voulant le retirer de ses recherches. Le projet "Cybernetic Wealth of the Nanotech" a été repris par une équipe de cinq scientifiques IH World à travers le monde, et j'ai décidé de revendre ce projet à un institut privé, afin de me recentrer sur des applications ciblées sur la Téléphasie.

Les équipes du département IECP sont très hétérogènes.

Il y a de jeunes gens intéressés par le domaine de la protection-sécurité et des enquêtes de contre infiltration et espionnage industriel, ainsi que par les missions d'éclaireurs dans des pays lointains. Il y a aussi des moins jeunes, ayant pour la plupart une longue expérience professionnelle de détectives privés, d'agents d'intelligence militaire, de formateur en technologies informatiques, ainsi que d'autres domaines de formations spécialisés, notamment en contre-espionnage. Il est en effet primordial à IH World de garder secret la technologie appartenant aux recherches Téléphasiques.

Ces équipes sont sous-divisées en plusieurs départements. Chacun ayant une activité et un financement qui lui est propre. Les plus jeunes d'entre eux aiment souvent les voyages et l'expérience du terrain, tandis que les seniors sont souvent extrêmement utiles à l'intelligence de contre-espionnage industriel ainsi qu'à l'accomplissement et l'encadrement de projet classés sensibles, dans le domaine du clonage et de l'hybridation, et de l'observation des phénomènes OVNI.

Les sciences et médecines Téléphasique

IH World forme les spécialistes de demain.

Notre connaissance du corps, de l'esprit et de l'interaction entre les deux, nous permet d'avoir une approche de la médecine tout à fait moderne, en n'utilisant pratiquement plus de médicaments. Ces derniers ayant des limitations et effets secondaires, parfois très lourds (chimio thérapies, dialyses, etc.) contrairement à la Téléphasie qui n'a aucun effet secondaire. La médecine Téléphasique est surement le point le plus important après le développement personnel.

L'application de la médecine psychosomatique par la Téléphasie est encore une foi une habilité à utiliser un défaut de l'être humain, pour le transformer en qualité curative et bénéfique. Nous sommes tous conscients que les maladies psychosomatiques sont déclenchées par des troubles de l'esprit lui-même, et que ces troubles mentaux vont souvent par la suite avoir des manifestations physiques.

Par exemple certaines maladies de peau comme le psoriasis, ou même les ulcères à l'estomac. La Téléphasie profite de ces failles de défense émotionnelles pour aller y encrer ses qualités curatives. Le chemin qu'emprunte le mal pour vous habiter, nous l'utilisons pour y forcer le bien, qui va reprendre le dessus par une réactivité psychosomatique. Le « malade » va aller consulter un médecin Téléphasiste qui va, après un premier diagnostic, infirmer ou confirmer au patient que son mal est curable. Si l'on considère les possibilités immenses de l'esprit humain, que l'on arrive à les accepter comme étant existantes et scientifiquement démontrable, alors l'humain peut utiliser ses capacités d'auto guérison incroyables.

Il est possible, par pouvoir d'induction suggestive, de déclencher chez un autre être humain, des brulures organiques, hémorragies internes, et autres désordres physiques spectaculaires. En réalité, une marque de brulure n'est pas la brulure, elle est la réaction de votre organisme en réponse à cette chaleur qui vous brule. Il est possible de reproduire cette réaction chez un sujet, sans aucune source de chaleur. Votre cerveau, persuadé que vous êtes exposé à une chaleur brulante, va déclencher plusieurs mécanismes.

Celui de l'information, votre esprit pense que votre corps est brulé, il va vous envoyer cette information sous forme de douleur. Ensuite, votre machine biochimique va se mettre en branle pour vous aider à faire face à ce qu'elle croit être une brulure. Si un médecin vous ausculte pour cette blessure, il pourra constater des lésions presque similaires à celles provoquées par une forte exposition à la chaleur. Lorsque l'on constate un tel phénomène, on comprend immédiatement le pouvoir de la Téléphasie, et donc du pouvoir de l'esprit sur le corps. Il serait irresponsable et rétrograde de ne pas s'intéresser à de telles possibilités et saisir la portée réelle de cette science. Ainsi, les Téléphasistes, qui pratiquent la médecine Téléphasique, sont initiés très tôt, et spécialisés dans le développement et l'utilisation de telles connaissances. Ils peuvent ensuite être capables de comprendre et écouter le corps humain comme personne d'autre.

IL va de soi que notre département de recherche s'intéresse de très près aux découvertes dans les domaines de la génétique, plus particulièrement du clonage, de l'hybridation, et de la cyber bionique, mais aussi à la recherche sur l'utilisation de la nanotechnologie pour guérir des maladies incurables ou des virus mutants (maladies telles que le cancer du sang, virus tel que le sida…).

Nous menons des expériences en accord avec des volontaires venus des quatre coins de la planète, afin de se donner un rôle dans l'accomplissement de ces futures découvertes, majeures et utiles au profit de l'humanité et de ses connaissances biologiques, médicales et scientifiques. La Téléphasie a joué un rôle majeur dans la compréhension de l'esprit humain, ce qui a permis par la suite d'expérimenter des méthodes d'apprentissage et de stimulation mentale avant-gardistes et révolutionnaires en leur genre et leur efficacité. Le sujet de recherche qui me parait actuellement incontournable au vu de notre technologie, est de découvrir et maitriser le lien de données qui permettent au cerveau d'échanger des informations directement à la machine. Le mode d'interaction actuel entre l'homme et la machine se fait par de multiples intermédiaires, qui empêchent de découvrir les données brutes qui pourraient être transmises du subconscient à la machine.

L'être humain qui voudra immortaliser un rêve sur son ordinateur devra le faire par l'intermédiaire de son ES, et de son esprit conscient analytique, qui va chacun a leur tour tenter de retrouver les données de ce rêve, les interpréter, et enfin les retranscrire au clavier, avec autant d'exactitude que la mémoire et la capacité d'expression du sujet qui fera l'expérience ne le permettent. L'avantage certain du dialogue en direct entre le subconscient et la machine, est évidemment l'authenticité de l'enregistrement, et sa retranscription exacte.

Cela permettrait par exemple au sujet d'expérience de pouvoir littéralement enregistrer son rêve sur un système de stockage simple tel qu'un disque dur d'ordinateur, pour pouvoir ensuite le re-visionner avec du son et de l'image, les autres sensations ne pouvant être retranscrites, pour l'instant…

Cela permettrait également dans un but moins ludique, d'enregistrer l'activité cérébrale exacte d'un patient qui souffrirait de troubles nocturnes tels que les terreurs les crises d'insomnies et somnambulisme. Actuellement, le gros de notre recherche sur la cyber-bionique se porte sur la création d'un canal de données exploitables entre le subconscient et la machine, et le relais des sensations cognitives dans leur intégralité à un autre être vivant. L'étape suivante sera de mettre en œuvre la possibilité de stocker des données cognitives sur un support informatique.

Cette manière d'archiver les donnes cérébrales subconscientes permettrait dans l'exemple de troubles du sommeil, de pouvoir par la suite déterminer l'état émotionnel du sujet lors de son sommeil. Nous pourrions aussi envisager d'étudier beaucoup d'autres formes de phobies, et avoir un enregistrement des émotions et réflexions subconscientes du sujet lors de l'expérience, afin de pouvoir expliquer la cause de ces troubles phobiques. Les domaines d'études découlant de cette technologie sont multiples et tous très intéressants dans l'approfondissement des connaissances psychiques et réactives de l'esprit humain.

L'existence spirituelle, les « vies antérieures ».

Le mot « vie » est ici placé entre guillemets, car trop réducteur. Les scientifiques considèrent que la vie est une mécanique simple qui se mesure par la prise de tension. Ainsi, si votre cœur ne bas plus, ils estiment que vous êtes mort. Que votre existence n'est plus. Ils considèrent que votre vie démarre lors de la création du fœtus, et quelques semaines après, lorsqu'il est considéré comme étant viable, il est vivant.

Ils ne prennent absolument pas en compte l'existence spirituelle qui est une composante indispensable à la compréhension de l'existante dans son ensemble. D'ailleurs, on peut voir la confusion à laquelle ils sont sujets lorsqu'un patient est en état de mort cérébrale. Selon leur croyance, l'individu serait bel et bien mort, mais une mort cérébrale, pas une mort physique. Pourtant, ils gardent cette personne en état d'assistance respiratoire pendant des années. C'est une aberrance explicable par le fait de leur méconnaissance et de leur incompréhension de ce qu'est réellement et de ce qui définit un être, sont existante, sa vie, sa mort.

L'existante spirituelle est dissociable du corps humain qui n'est qu'une maison, un abri pour notre existante spirituelle, qui n'a pas besoin de représentation physique pour exister. Il est donc aisé de comprendre que lorsqu'un individu est en état de mort cérébrale, il est inutile de le garder en état de vie clinique, puisque sont existante spirituelle a depuis longtemps quitté son corps physique pour aller évoluer dans une autre forme physique viable. Il y a une variable d'importance à prendre en compte lorsque l'on veut approcher le domaine du développement personnel. Les formes antérieures de votre patrimoine existentiel.

Ces formes existentielles ont été révélées et rendues publiques après de nombreux travaux d'introspection et découvertes spirituelles, dans de nombreuses techniques de découvertes intérieures, autres que la Téléphasie. Il est important de découvrir un maximum d'éléments concernant ces existences passées, afin de mieux comprendre le présent et pouvoir évidemment avoir une meilleure action d'anticipation sur le futur. Les existences antérieures se révèlent par un travail en binôme et la pratique intensive de la CA, qui permettent au Téléphasiste de visualiser des situations directement liées à ces existences spirituelles antérieures.

Il peut ainsi, en observant ses cycles de réincarnation, comprendre la cohérence réelle de son existence spirituelle, analyser les différentes formes de sa vie et mieux les comprendre. La plupart des individus n'ont pas de flash ou souvenir précis de leurs vies antérieures pour plusieurs raisons. La première est que ces souvenirs sont pour la plupart très difficiles à caractériser. En effet, si vous avez une ou plusieurs existences antérieures, elles ne sont pas forcément humaines. D'autre part, les vies antérieures ne sont pas forcément traumatiques pour le sujet. A contrario, certaines personnes sont très perturbées par ces existences antérieures, sans pour autant être capables de faire un lien de cause à effet. Ces traumatismes se manifestent souvent par l'intermédiaire de cauchemars étranges, parfois répétitifs, par des insomnies cycliques, des angoisses inexpliquées similaires à de la paranoïa ou encore des douleurs physiques ou émotionnelles, reliées à certaines images ou situations contextuelles.

Quelle que soit la provenance de ces troubles, ils peuvent être purgés par la pratique de la Téléphasie, et sont traités exactement de la même manière que les traumatismes psychologiques contemporains. Un traumatisme aura sa cause et sa provenance, mais aura toujours la même destination dans le quotient émotionnel du sujet que des traumatismes liés à des existences antérieures.

Ce qui est intéressant dans ce travail d'introspection c'est de permettre à la personne traumatisée, de comprendre la provenance de ces névroses et donc de se sentir moins désorientée par rapport à une situation qui lui échappe. Il est aussi crucial de pouvoir obtenir un maximum d'informations provenant de la mémoire profonde de ces individus afin d'en savoir plus sur le processus cyclique de réincarnation. Ce qui m'a permis de valider l'expérience de ces vies antérieures est le fait que de nombreux témoignages précis ont pu être recoupés et vérifiés. Pour exemple, une jeune fille française d'une dizaine d'années, qui n'avaient jamais voyagé, a pu me conduire dans ses descriptions à travers un village de Calcutta depuis la gare Centrale, jusqu'au cœur du village, puis sont marché et enfin une vielle ferme en ruines, ou elle aurait vécu des siècles au paravent.

Connaissant bien la région pour y avoir donné des conférences, j'étais émerveillé en écoutant son récit. J'ai pensé au début à un possible canular ou mensonge, venant de ces innombrables lobbyistes que je soupçonne de représenter le milieu psychiatrique, et qui de temps à autre font apparition dans le quotidien de la vie scientifique d'IH pour y semer trouble et confusion. Puis j'ai fait plus ample connaissance avec sa famille, et pas uniquement les parents de la petite. Stéphanie souffrait de terreur nocturne depuis l'âge de trois ans.

Ces nuits n'étaient jamais continues, elle faisait systématiquement des cauchemars à chaque sommeil, se nourrissais mal, et semblait avoir des problèmes relationnels avec les autres enfants de son âge. Ses parents l'on fait suivre très tôt chez un pédiatre qui lui a diagnostiqué un trouble de la concentration, qualifiant la petite d'enfant « super actif ». Selon ses observations, Stéphanie n'était pas en mesure de recevoir l'affection que ces parents lui portaient, et souffrait de ce traumatisme. C'est un trouble peu fréquent, qui se retrouve pour la majeure des cas chez des enfants adoptés. Il est toujours très dur pour des parents d'apprendre qu'ils sont la cause directe ou indirecte de l'échec social de leur enfant. C'est un double traumatisme, et ce genre de diagnostic n'a souvent pour effet que de culpabiliser les parents, et apporter encore plus de névroses relationnelles a une famille qui souffre déjà beaucoup.

Leurs nombreuses séances ont finalement abouti à une prescription de médicament pour approfondir le sommeil, ce qui a eu pour effet d'enfermer la petite dans ses cauchemars. Son sommeil est devenu plus lourd, mais les cauchemars plus intenses. Les terreurs ont donc redoublé, notamment au moment du coucher avant l'endormissement. Les conséquences se sont aggravées quand sa mauvaise qualité de sommeil l'a peut a peut affaiblie de manière globale, pour finalement lui interdire tout comportement social normal.

C'est à ce stade critique que ces parents ont évoqué son cas en ma présence, et j'ai bien sûr proposé de vouloir m'y intéresser, dans le cas où je pourrais apporter une aide efficace. Après une période d'initiation, j'ai donc pratiqué une séance de CA avec Stéphanie qui a révélé de nombreux signes post-traumatiques de vie antérieure. Par exemple les cauchemars répétitifs où l'action se situe en Inde, ses douleurs soudaines et inexpliquées en surface dermique dans le dos, ainsi que les odeurs nauséabondes qu'elle prétendait sentir parfois, alors que personne d'autre dans la pièce n'était indisposé.

Tous ces signes explicites ne sont apparus qu'après la première séance de CA. Ils ont pu me donner un chemin à suivre, en vue des névroses psychologiques dont elle souffrait avant que je ne commence les séances. La CA a permis de faire « sortir » des troubles enfouis, qui ne se manifestaient que pendant la nuit, et que par les terreurs de cette enfant pour le monde des rêves.

Cette introspection a eu pour effet de rassurer, de recentrer, recadrer notre recherche, notre compréhension de ce mal invisible, qui torture l'âme profonde des individus.

Je suis heureux de dire que nous avons tous deux trouvé grand intérêt à mener cette expérience, car de mon côté j'ai pu avoir un échantillon de preuve supplémentaire des vies antérieures et du processus de réincarnation et cette petite fille a retrouvé une vie normale. Donnant suite aux séances de CA que nous avons pratiquées, le mal étant identifié, nous avons pu par ce travail spirituel, refaire gagner confiance à Stéphanie qui a réussi à accepter cette partie de sa vie, et définitivement tourner la page sur ses souvenirs antes vitales. Cette expérience démontre par elle-même l'importance d'une vie existentielle épanouie dont il faut savoir tirer le meilleur. Lorsque l'équilibre existentiel d'un individu est perturbé, ce traumatisme suivra, et s'amplifiera dans ses vies futures, quelle que' en soit la forme. Pour éviter cet effet « Larsen », il faut donc travailler sérieusement et le plus tôt possible sur l'équilibre spirituel et existentiel qui nous permettra d'apprécier notre vie à sa juste valeur, mais surtout de ne pas être poursuivis par ces névroses et traumatismes pour l'éternité. Plus l'on intervient tôt dans le cycle de réincarnation, et plus les chances de succès sont importantes.

La « Connexion Astrale » la méditation Téléphasique

La « CA » est probablement l'aspect le plus spectaculaire et le plus ludique de la Téléphasie. Elle est néanmoins une discipline cruciale dans notre recherche de contrôle maximum des capacités de l'esprit. Beaucoup d'individus qui pratiquent le yoga par exemple, s'exercent à maitriser une aptitude à la relaxation instantanée. Ainsi, ils apprennent à maitriser leur mécanique interne et à être capables de « faire le vide » dans des situations stressantes, par exemple au bureau, dans les embouteillages, ou lors d'un débat vigoureux. Le Téléphasiste, ne pratique pas cette forme de méditation dans l'unique but de se relaxer émotionnellement, mais pour aller plus loin dans le travail mental, et mener des exercices en binômes. Les deux éléments de base qui fondent les pratiques de la Téléphasie sont la compréhension des contextes environnementaux et le relationnel.

Le Téléphasiste qui rentre dans cet état avancé de concentration va engendrer son propre contexte, et va travailler ce partage contextuel avec son binôme, à travers l'expérience de la « CA ». Pour décrire cette expérience de manière plus précise, il me semble intéressant de faire référence au voyage astral. Il ne s'agit aucunement d'une expérience occulte ou d'un quelconque spiritisme. C'est une expérience à laquelle la plupart des individus ont accès par accident. Parfois lorsqu'ils sont sur le point de s'endormir, parfois lors d'un coma après un accident grave, ou lors d'une mort clinique courte pendant une opération. Il est vrai que les exemples que je viens d'utiliser ne sont peut-être pas très rassurants à première lecture, cependant, il faut bien avoir conscience que cette expérience n'est aucunement dangereuse, qu'elle ne nécessite aucune aptitude physique particulière, et donc même des personnes sensibles peuvent pratiquer.

Il faut aussi s'intéresser au « pourquoi » de cette expérience, et comprendre qu'elle ne se produit naturellement que dans certaines circonstances. Le rêve, le coma, la mort sont des états tous plus ou moins liés à un contexte existentiel différent de notre état de conscience de tous les jours. Au-delà du fonctionnement physique de l'individu, sa conscience spirituelle est différente. L'individu est inconscient du monde habituel qui l'entoure, mais il réside dans un état de conscience différent, actif, dans un contexte qui lui est propre. On peut aisément observer que bon nombre d'accidentés qui on eu l'occasion de faire cette expérience spirituelle de proximité avec la mort en ressortent différents, beaucoup plus murs et philosophiques concernant les sujets existentiels de leur vie.

Je me suis énormément intéressé à ce sujet, car il comprend deux ingrédients infiniment passionnants et cruciaux dans la recherche et la compréhension existentielle des êtres humains. J'ai trouvé très excitante l'idée de faire cette expérience spirituelle, sans avoir besoin de frôler la mort évidement, ou bien de prendre des drogues hallucinogènes comme le font les chamans pour entrer en tance ou certains adeptes des pratiques « new-âge ». Il me semble inapproprié de vouloir dénaturer cette expérience par la prise de drogues, car évidemment, l'expérience sera dictée par l'esprit réactif, et non par une expérience spirituelle contextuelle viable.

Cette expérience est praticable dans un cadre totalement contrôlé et partagé, ou le binôme apprend à vivre volontairement cette expérience, et travailler des exercices pendant leur concentration mutuelle. C'est pourquoi la « CA » restera probablement l'expérience la plus marquante dans l'apprentissage d'un Téléphasiste. Elle permet un « voyage », une communion entre la spiritualité de deux personnes, et une expérience hors du commun, incroyablement fascinante dans les révélations et contextes que nous visitons lors de cette expérience. La « CA » se déroule selon un procédé par étapes, et peut être pratiquée avec succès lorsque le Téléphasiste a réussi à gagner un contrôle suffisant de son esprit spirituel (ES). Les exercices que nous pratiquons de manière générale servant à « muscler » le cerveau, et à contrôler notre visualisation mentale.

De la même manière qu'une personne d'un âge avancé ayant régulièrement pratiqué des mots croisés ou d'autres jeux et exercices mentaux, aura moins de risque de contracter des problèmes cérébraux tels que les maladies d'Alzheimer, les trous de mémoire, les psychoses, et la perte de vocabulaire. Tout le monde sait que les personnes qui lisent beaucoup de livres ont un vocabulaire enrichi et ont une certaine aisance à construire leurs idées en phrases, aussi bien à l'écrit qu'à l'oral. Il est donc très utile, lorsque l'on veut travailler un domaine, de s'intéresser à la manière de s'y préparer mentalement, par des exercices simples tels que ceux prévus au programme de R.E.C (Téléphasie).

La « Communication Efficace (CE) », formule de l'impact Communicatif optimal.

Depuis la nuit des temps, l'homme a compris l'intérêt qu'il peut avoir à maitriser l'art de la communication. Depuis l'aube des siècles, il a eu besoin de comprendre et se faire comprendre, de pouvoir partager le bien immatériel qu'est la pensée. Chaque espèce a son modèle social, en comparaison aux animaux chez lesquels on peut observer différents systèmes de cohésion en fonction des besoins. Le besoin de communiquer, peu importe de quelle manière, a toujours été primordial afin d'établir un système voué à durer. C'est ce qui a assuré la supériorité de l'homme dans la chaine alimentaire. La « CE », outil de communication et de développement personnel, offre des méthodes accessibles à tous pour mieux se connaître, s'épanouir et mieux gérer les difficultés communicatives (verbales et non verbales).

La « CE » s'est construite sur les bases de la Téléphasie. Elle rassemble une synthèse des découvertes les plus remarquables, sous forme de techniques applicables à toutes les situations personnelles et professionnelles. On m'a souvent posé des questions sur la signification du mot efficace dans le contexte de la CE. Il suffit de constater quelques exemples de situations de tous les jours ou l'on communique pour en comprendre le sens. Les disputes les plus houleuses sont souvent la conséquence de petits problèmes de tous les jours qu'un couple, ou une famille n'arrive pas à surmonter par la communication verbale. Bien souvent, l'émotionnel et l'esprit réactif prennent le dessus sur le rationnel. On remarque par exemple que les femmes prononcent beaucoup plus de mots à la minute que les hommes.

C'est probablement explicable par un potentiel sentiment d'infériorité physique de la femme et donc contextuel (l'infériorité), ce qui la pousse à accentuer l'attaque sur un autre plan d'échange interpersonnel, le langage verbal. L'homme, lui, qui est plus réceptif à ce qui est dit et la manière dont c'est dit, va ressentir une agression caractérisée et va donc lui aussi répondre par une agressivité défensive redoublée. La « CE » requiert la connaissance de tous les aspects de la communication, y compris la communication non verbale. Nous enseignons l'art de l'observation comportementale tel que les postures, les gestes inconscients de l'interlocuteur, les intonations de voix et les regards. Cela nous donne des indications cruciales sur l'état émotionnel de la personne avec laquelle nous communiquons. Il devient ensuite facile de « ressentir » votre interlocuteur et de percevoir son bon foie, ou a l'inverse ces tentatives de manipulation et de mensonge. Au-delà de l'aspect presque ludique, de cette forme de mentalisme, la CE est tout d'abord une formule de communication. Elle représente « la formule de la communication parfaite ». Le but de cette discipline est d'atteindre l'excellence, en étant capable de comprendre et de maitriser instinctivement chaque détail d'un échange verbal et non verbal. Le langage non verbal est une forme de communication subliminale. Tout comme les images du même type, nous sommes capables de les voir et de les intégrer en nous, sans pour autant être capables de les distinguer consciemment.

Vos gestes, votre posture, intonation de voix, votre distance avec l'interlocuteur, le rythme de vos phrases, sont des attributs de la communication non verbale, qui va modifier la perception de votre interlocuteur sent pour autant que celui-ci n'en soit conscient. L'intérêt de comprendre et de maitriser la communication non verbale est de pouvoir d'une part conditionner votre interlocuteur à votre guise, et deuxièmement, appuyer encore plus vos mots, et leur permettre d'avoir une consonance logique et naturelle pour votre auditoire. À cette maitrise de la communication non verbale, la CE, pratiquée par le Téléphasiste, est aussi un choix des mots et des idées particulièrement justes et adaptées au profil psychologique de celui qui vous écoute.

Pour ce faire, il est important d'être capable de distinguer un maximum d'informations personnelles sur votre interlocuteur. Chaque individu a un quotient émotionnel.

Quel que soit la sensibilité supposée d'un individu, il y a, en chacun de nous ce que j'appelle « l'interrupteur émotionnel ». Une conversation se base toujours en premier lieu sur un besoin de rationalité. On rencontre un problème, on en discute, on en tire des conclusions et l'on règle le problème. Ceci est le schéma idéal d'une discussion constructive. Malheureusement, que ce soit dans un cadre personnel ou professionnel, on notera que systématiquement, l'émotionnel prend une très grande part, une trop grande pare d'importance dans la conversation. L'émotionnel est l'ennemi perpétuel du rationnel et conduit souvent à des conflits interpersonnels.

Étant conscient qu'on ne peut faire abstraction de cet aspect de la conversation, il est important de savoir le maitriser et en tirer tous les avantages. Lorsque vous maitrisez particulièrement bien la gestion émotionnelle et contextuelle d'une conversation, vous gagnez un charisme et une force de persuasion hors du commun. Certaines personnes peuvent émotionnelles et parfois trop sure d'elles ou même arrogantes, vont être plus difficile à persuader. En effet, les personnes arrogantes ou a l'inverse superficielles à outrance, vont d'elles même se dissocier du contexte émotionnel, se prétendant supérieur et donc intouchable, ou au contraire trop futile pour se sentir concerné.

C'est dans ce genre de situation que la CE ajoute une maitrise importante de la communication qui est « l'interrupteur émotionnel ». Lorsque vous êtes face à ces personnes qui ne se sentent pas touchées par votre argumentaire, vous allez devoir trouver leur interrupteur et le déclencher. Il y a différentes manières de déclencher cet interrupteur, et la réaction sera différente selon les individus. Vous pouvez déclencher une colère subite, de la tristesse, de l'affection ou de la haine.

Quel que soit se ressentiment soudain que vous aurez injecté chez cette personne, elle va tout à coup se sentir submerge d'une émotion intense, ce qui va décupler votre impact d'influence sur le sujet. Cette stratégie de communication, en combinaison avec la maitrise de la communication non verbale, permet de gagner une maitrise conversationnelle constante quel que soit le sujet, et va donc mener a un fort taux de réussites sociales, interpersonnelles et professionnelles. Le pré requis pour arriver à cette excellence dans le domaine de la communication est de pouvoir « lire » un être humain de manière très rapide et efficace.

C'est le seul moyen de découvrir en quelques secondes l'interrupteur émotionnel de quelqu'un. C'est en cela que la CE Téléphasique « initié » à la lecture mentale, au contrôle du quotient émotionnel, au « profiling » et à la réception d'informations non verbales de tout type.

Lorsque vous maitrisez les clefs de la communication, et que vous êtes capable de contrôler vos émotions ainsi que celles de votre interlocuteur, vous gagnez un avantage presque surhumain dans vos rapports sociaux. La maitrise de vos émotions est également un facteur qui déclenche souvent l'admiration de ceux qui vous observent.

En effet, je répète souvent que dominer quelqu'un d'autre n'est pas difficile. En revanche, se dominer soi-même en permanence et ne pas être victime de ses émotions est quelque chose d'extrêmement difficile pour la plupart des gens qui vous entourent. Lorsque vous êtes capable d'exhiber cette capacité de contrôle sur vous-même, il n'est plus nécessaire de vouloir dominer l'autre, car il se place naturellement en position de soumission. Inconsciemment, vos interlocuteurs vous admireront pour votre capacité de self-control, et comprendrons que vous êtes en position d'avantage vis-à-vis d'eux.

Cette aptitude est vue comme presque surhumaine, et vous serez fortement respecté pour ce comportement charismatique. Cette forme de communication est beaucoup plus efficace que celles enseignées en universités. D'ailleurs, ayant souvent discuté avec des étudiants (es) en communication, j'ai pu confirmer les lacunes interpersonnelles dont ils souffrent systématiquement. Ces étudiants sont en général très a l'aise temps que la conversation garde un format et un sujet auquel ils sont familiers. En revanche, si vous surprenez une de ces personnes avec un argumentaire qui les sort de leur zone de conforts, ils sont souvent bien moins capables de rebondir, que quelqu'un d'autre qui n'aura jamais suivi ce genre de formation. Ceci pour deux raisons.

La première, c'est qu'ils ne connaissent correctement que leur domaine d'étude, qui est en général le marketing et la publicité. Si vous sortez de ces codes de communications, il n'est plus possible pour eux de continuer un argumentaire en utilisant les méthodes très systématiques et réductrices qu'ils apprennent à l'université. La deuxième, c'est qu'ils apprennent par le systématise, et non la compréhension et le ressentis du contexte d'une communication verbale ou non verbale. Pour aller plus loin dans la dissection des lacunes de communication de ses étudiants (en communication), je vais expliquer rapidement un concept de processus interne, en rapport avec la communication. Chacun communique de manière différente avec lui-même et les autres, avec plus ou moins de succès.

Dans les grandes lignes, on peut distinguer deux types d'approches communicatives. Les meilleurs communiquant, sont en général des gens qui communiquent d'abord avec eux même avant l'extérieur. Ils développent une méthodologie de communication interne, d'argumentation avec eux même pour mettre à l'épreuve la théorie qu'ils vont avancer et vérifier qu'elle est crédible à leur propre perception avant de l'exposer aux autres. Se sont également des gens qui vont se poser des questions a eu même, en imaginant in dialogue interne réel.

Cette capacité d'interaction avec leurs ES et subconscient, leur permet d'accéder a un nombre de ressources très important, et surtout d'épurer et éclaircir leurs pensées un maximum avant de les rendre publiques. Cette capacité de visualisation, lorsqu'elle est correctement exercée permet ensuite d'anticiper des situations communicatives, et donc de ne pas se retrouver au dépourvu lors d'une argumentation. Je ne saurai vous dire combien de fois j'ai pris l'ascendant lors d'une opposition de point de vue en ayant l'air d'improviser des réponses parfaites, alors que je ne faisais que répéter dans une dimension physique, ce que j'avais déjà exercé de nombreuses fois de manière interne, mentalement.

C'est une technique que j'ai développée en Téléphasie et qui se nomme le Dual-Channel Thinking (D.C.T). Une aptitude à l'interaction interne. Avoir la sensation de pouvoir demander conseil a un ami même lorsque l'on est seul et que l'on doit aborder une décision importante. Ce genre de processus d'interaction interne (D.C.T), n'as rien avoir avec de la méditation ou de l'autosuggestion. Il suffit de quelques millièmes de seconde pour accéder à son subconscient, et faire ce travail de filtrage personnel avant la prise de parole publique.

Ce procédé a d'ailleurs donné vie à une expression, « tourner sept fois sa langue dans sa bouche avant de parler ». Ce que veut dire ce proverbe idiot, c'est que les meilleurs communicants se « consultent » d'abord de manière personnelle avant de dévoiler le travail créatif qu'est leur argumentaire, souvent riche en données factuelles et pragmatiques. La deuxième approche communicative, malheureusement pratiquée par au moins quatre vingt quinze pourcent des individus est d'interagir avec l'extérieur en premier. Le piètre communicant va pour ainsi dire réfléchir en même temps qu'il parle, ou même a posteriori. Il va souvent se rétracter dans ces arguments, se corriger, minimiser ses erreurs factuelles ou conceptuelles quand ils en font trop, voir s'énerver ou s'excuser lorsqu'il perd totalement le fil de la conversation ou qu'il se rend compte que ses arguments ne sont plus rationnels.

Ce sont en général des personnes qui vont vouloir partager leurs émotions sans même avoir eu le temps de les ressentir. Ce qui fait que l'on n'a finalement pas l'impression de discuter avec quelqu'un qui a un avis, mais de l'écouter réfléchir à haute voix. Ce qui est particulièrement vulgaire d'un point de vu intellectuel puisqu'une pensée est souvent polluée lorsqu'elle n'est pas filtrée avant d'être exprimée. Polluée par la subjectivité de l'individu qui l'expose, polluée par son humeur du moment où même par de simples confusions factuelles. Pour faire un parallèle avec l'écriture, si vous devez construire un récit, une thèse ou toute autre suite d'idées cohérentes, vous n'allez pas rendre votre brouillon comme copie finale.

Vous allez retravailler votre écrit, reprendre certaines phrases et idées, les corriger, les rendre présentables et enfin rendre le travail final dont vous êtes fier. C'est exactement le même cas de figure lorsque l'on exprime une pensée ou une argumentation à l'oral. On ne transmet pas une version brouillonne et mal travaillée de sa pensée. C'est ne pas se respecter et ne pas respecter son interlocuteur que de ne pas réfléchir avant de s'exprimer.

Lorsque j'ai commencé à pratiquer et utiliser le DCT de manière intensive, j'ai remarqué à quel point ce que vous dites importe peu dans une conversation verbale, mais c'est surtout la manière dont vous interagissez avec vous-mêmes qui est essentielle à une réussite verbale, communicative, et sociale d'une plus large perspective. Plus votre niveau d'interaction interne est élevé, plus vous maitrisez le DCT, plus votre interlocuteur sera favorable à votre argumentation et à votre charisme. Il ne saura pas expliquer pourquoi, mais vous dira que vous êtes particulièrement convaincant, que vous avez l'air sur de vous, calme et rassurant. Ce charisme par le contrôle interne est ressenti de manière inconsciente par chacun de nous. Ceux qui nous paraissent charismatiques sont souvent ceux qui ont un fort pouvoir de contrôle sur eux-mêmes, et donc sur les autres. D'un point de vue très général, et il me semble l'avoir déjà écrit précédemment, plus votre niveau d'auto-domination est élevé, plus votre domination sur les autres le sera. La dominance comportementale est basée sur le rapport qu'a un individu avec lui-même, et ensuite seulement avec les autres.

Les étudiants en communication apprennent à jouer avec les mots, ils n'apprennent pas à se dominer eux-mêmes. C'est pourquoi on ne peut pas considérer qu'ils apprennent à communiquer. On peut d'ailleurs, juger du niveau de charisme d'un individu par le nombre de fois où il va corriger des bourdes d'explication, ou son rythme de parole, et encore sa gestuelle. Je n'ai personnellement jamais rencontré d'étudiant en communication charismatique. Mais après tout je ne suis pas encore mort, je ne désespère donc pas d'enrichir un jour mon expérience sur ce plan.

La communication « parfaite » ne réside pas uniquement dans une manière d'être ou de faire, mais plutôt dans votre niveau de perception du contexte de communication.

L'absence communicative n'existe pas. Ne pas parler à quelqu'un, ne signifie pas une absence de communication. Une non-communication dans un ascenseur est une forme de communication.

- *Je te regarde, mais je ne te parle pas (sans sourire), signifie je n'ai pas envie de te parler.*
- *Je te regarde sans parler, mais je souris, signifie je n'ai rien à te dire, mais je reste ouvert*
- *Je ne te regarde pas et ne te parle pas signifie je ne te connais pas*
- *Tu me parles et je ne te réponds pas signifie je n'ai pas de respect pour toi et n'ai pas envie de te parler*

Par ces quelques exemples, je cherche à démontrer que nous communiquons toujours et même dans les situations les plus banales. La non-communication n'existe pas, ce qui veut dire que si vous avez l'impression de ne pas communiquer avec les autres lorsque vous ne leur parlez pas, signifie que vous n'êtes pas conscient du contexte communicatif qui vous entoure. Le contexte communicatif comprend un grand nombre de variables. Nous pouvons déjà commencer à en énumérer quelque une, mais je pense qu'il faut quelques années de Téléphasie avant d'être vraiment réceptif à toutes les variables nécessaires à la C.E (communication efficace). Lorsque l'on est pris dans un contexte communicatif, il faut déjà en premier lieu déterminer le but de cet échange. Qu'attendez-vous de cette conversation ? Du divertissement, de l'enrichissement, passer le temps, faire connaissance avec une nouvelle personnalité ? Si vous n'attendez absolument rien de cette conversation pourquoi la continuez-vous ? Être conscient de pourquoi vous participez à cette conversation et savoir ce que vous en attendez-vous donne un avantage systématique, car vous savez ou vous allez.

Vous pouvez donc mettre un terme au « voyage » lorsqu'il n'est plus à votre convenance, ou au contraire influencer la conversation et le contexte relationnel pour l'amener a ce que vous désirez. Lorsque vous savez où vous allez, vous êtes un adulte, et c'est vous qui conduisez. Lorsque vous ne savez pas, vous êtes un enfant, vous vous asseyez à l'arrière, et vous êtes passivement interrogatif. Être passivement interrogatif est un signe de passivité et vous serez dominé dans vos échanges sociaux.

Il faut savoir ce que vous attendez d'une conversation ou d'un échange communicatif pour être en mesure d'utiliser les mots et les comportements approprié aux réactions que vous désirez déclencher chez votre interlocuteur. C'est en cela qu'il sera très utile au Récepteur d'apprendre les techniques de communication inhérentes à la Téléphasie. Il apprend à se dominer, à synchroniser sa respiration avec son rythme intérieur, et encourager son interlocuteur à se synchroniser sur la sienne. Il est capable de « prendre la température relationnelle » à tout moment, et savoir à quel moment il doit relâcher ou au contraire augmenter la pression dans son argumentaire. À cette maitrise de la communication non verbale, la CE, pratiquée par le Téléphasiste, est aussi un choix des mots et des idées particulièrement justes et adapte au profil psychologique et contextuel de celui qui vous écoute.

Pour ce faire, il est important d'être capable de distinguer un maximum d'informations personnelles sur votre interlocuteur. Chaque individu a un quotient émotionnel et quelques soit la sensibilité supposée d'un individu, il y a en chacun de nous ce que j'appelle « l'interrupteur émotionnel ». Une conversation se base toujours en premier lieu sur un besoin de rationalité. On rencontre un problème, on en discute, on en tire des conclusions et on règle le problème.

Ceci est le schéma idéal d'une discussion constructive. Malheureusement, que ce soit dans un cadre personnel ou professionnel, on notera que systématiquement, l'émotionnel prend une très grande part, une trop grande pare d'importance dans la conversation. L'émotionnel est l'ennemi perpétuel du rationnel et conduit souvent à des conflits interpersonnels. Étant conscient qu'on ne peut faire abstraction de cet aspect de la conversation, il est important de savoir le maitriser et en tirer tous les avantages. Lorsque vous maitrisez particulièrement bien la gestion émotionnelle et contextuelle d'une conversation, vous gagnez un charisme et une force de persuasion hors du commun. Certaines personnes peut émotionnelles et parfois trop sures d'elles ou même arrogantes, vont être plus difficiles à persuader. En effet, les personnes arrogantes ou a l'inverse superficiel à outrance, vont d'elles même se dissocier du contexte émotionnel, se prétendant supérieur et donc intouchable, ou au contraire trop futile pour se sentir concerné.

C'est dans ce genre de situation que la CE ajoute une maitrise importante de la communication qui est « l'interrupteur émotionnel ». Lorsque vous êtes face à ces personnes qui ne se sentent pas touchées par votre argumentaire, vous allez devoir trouver leur interrupteur et le déclencher. Il y a différentes manières de déclencher cet interrupteur, et la réaction sera différente selon les individus. Vous pouvez déclencher une colère subite, de la tristesse, de l'affection ou de la haine. Quel que soit ce ressentiment soudain que vous aurez injecté chez cette personne, elle va tout à coup se sentir submergée d'une émotion, ce qui va décupler votre impact d'influence sur le sujet.

Cette stratégie de communication, en combinaison avec la maitrise de la communication non verbale, permet de gagner une maitrise conversationnelle constante quel que soit le sujet, et va donc mener a un fort taux de réussites sociales, interpersonnelles et professionnelles. Le pré requis pour arriver à cette excellence dans le domaine de la communication est de pouvoir « lire » un être humain de manière très rapide et efficace. C'est le seul moyen de découvrir en quelques secondes l'interrupteur émotionnel de quelqu'un. C'est en cela que la CE Téléphasique « initié » à la lecture mentale, au contrôle du quotient émotionnel, au « profiling » et à la réception d'informations non verbales de tous types.

Créer son univers contextuel.

Chaque individu vit naturellement dans son univers contextuel. En fonction sa profession, de son âge, de son apparence physique et bien d'autres éléments, un individu va évoluer dans un contexte particulier. Nous pouvons par exemple remarquer qu'un chef d'entreprise ou un directeur, va dans sa vie de tous les jours avoir plus d'assurance, peut-être même une attitude plus « dominante » envers les autres (la caissière à qui il va payer son pain, le chauffeur de taxi à qui il va ordonner sa destination...) qu'un modeste employé. Grâce à sa fonction de dirigeant, cet individu qui est peut être de nature introvertie à la base, va naturellement se laisser aller à son rôle social, et ressentir une forme supériorité supposée vis-à-vis des autres. Son costume, sa manière de regarder les autres, d'interagir avec eux, va laisser transparaitre sous forme de langage non verbal, cette position d'autorité que cet homme s'accorde lui-même. Il s'offre le statut autoritaire que les autres vont lui concéder inconsciemment.

En règle générale, un homme d'un certain âge, habillé en costume de bonne coupe, le pas pressé, obtiendra une réponse plus rapidement lorsqu'il demandera l'heure à un passant, que quelqu'un qui ne dégage aucune « Hora » autoritaire. Ce cliché comportemental s'explique par le fait que cet individu évolue dans un contexte qu'il arrive à induire chez les autres. Il se considère lui-même comme étant représentant d'une autorité (autorité dans ce contexte signifie une personne « au-dessus de vous » socialement, directeur, personne plus âgée, plus forte ou plus intelligente…), et arrive à vous en persuader, car le sujet est lui-même convaincu par la légitimité de sa propre influence.

Ce qui mène à la conclusion que naturellement, les hommes tendent à vouloir se synchroniser. Ils recherchent dans leurs relations de tous les jours, à pouvoir identifié rapidement, même de manière inconsciente, la signification d'un contexte, d'une conversation ou d'une attitude communicative. Dans une conversation, les communicants veulent comprendre et être compris rapidement. Ils vont donc se « caller » sur le plan communicatif du « dominant », qui est tout simplement celui qui a l'initiative de la conversation ou d'une communication courte que vont avoir deux personnes dans les premiers instants de leur rencontre. Lorsque vous avez l'initiative d'une conversation, vous avez l'initiative du contexte.

C'est à ce moment-là que vient la notion de maitrise et création de notre propre univers contextuel. Pourquoi vouloir gagner du crédit avec les mots, alors que vous pouvez le faire par communication non verbale ? Comment transmettre des informations non verbales selon un contexte que l'on ne maitrise pas ? C'est impossible. Le moyen le plus facile de gagner cette crédibilité et de pouvoir « diriger » les gens dans votre sens est de créer votre propre univers contextuel. Peu importe qui vous êtes, ce qui va devenir important, c'est qui vous voulez être, et ce que vous croyez pouvoir devenir. Le paraitre est une sorte de mensonge perpétuel, c'est ce que les autres vont percevoir de vous. Au final, le simple fait de vouloir contrôler son paraitre est déjà un mensonge en soi.

On essaie de diriger les autres vers une vision de nous-mêmes qui nous convient. C'est observable lorsqu'on se prépare à partir en soirée avec des amis. On se prépare pour être sur notre « trente et un », on prend soin de ne pas avoir de mauvais plis, de choisir le bon parfum et d'être bien peigné. Cependant, il est très rare de voir un individu opérer la même préparation, cette fois-ci intérieurement. Pourtant, cette préparation intérieure est encore plus importante que la préparation vestimentaire. N'avez-vous jamais remarqué, assis dans le bus ou le métro, un jeune homme impeccablement présenté, portant un costume de bonne coupe et laissant l'impression d'être mal à l'aise, et d'avoir peut-être même caché son biberon dans une poche intérieure ?

Ce genre de mal-être est dû à un décalage entre l'univers contextuel de l'individu et son apparence. Pour prendre l'exemple de ce jeune homme qui semble être fier de porter son costume, et qui pourtant l'arbore avec autant de maladresse, il me semble utile de faire un parallèle avec le métier d'acteur. Ces derniers sont jugés par leur prestation, à savoir incarner un rôle le plus naturellement possible. Vous remarquerez en écoutant leurs interviews qu'ils sont très nombreux à étudier leurs personnages pendant de longues heures, quitte même à démarrer une activité quotidienne se calquant sur le profil du personnage.

Ceci montre bien la manière dont ils s'appliquent à modeler leur univers contextuel afin de laisser transparaitre au mieux, les traits de caractères du personnage qu'ils vont jouer. Vous remarquerez aussi que les bons acteurs sont très adroits quand il s'agit de faire passer des émotions par le langage non verbal. Pourtant, il est très difficile d'avoir un « vrai » regard triste, ou un vrai regard consterné lorsque vous ne ressentez pas l'émotion en vous. La communication non verbale du visage se fait par la contraction et décontraction involontaires de certains muscles du visage, qui combinés entre eux, donnent le résultat d'une information faciale non verbale. Il est impossible, même pour un acteur chevronné de pouvoir simuler ces mimiques bien précises sens ressentir l'émotion que l'on veut renvoyer en non verbal. C'est pour cette raison qu'ils vont d'abord chercher à ressentir au plus profond d'eux-mêmes cette émotion, pour pouvoir ensuite la laisser transpirer naturellement par les expressions involontaires de votre visage.

Un acteur qui veut pleurer sur commande pour le tournage d'une scène, va réellement être triste, pendant les courtes minutes qu'il va passer à pleurer. Je pense que vous venez tout doucement de comprendre le point de rapport avec la création de notre propre univers contextuel. Il s'agit de comprendre le pouvoir de la persuasion et de l'autopersuasion. Pour être le capitaine de sa propre vie, il faut être capable d'imposer cet espace de self-liberté aux autres.

Effectivement, l'homme n'est pas naturellement libre et il doit tous les jours se plier à des règles juridiques et comportementales qui le contraignent à devoir s'adapter aux autres en acceptant d'abandonner une part de liberté individuelle. Nous sommes tous confrontés à ces choix au quotidien, et la question est de savoir jusqu'à quel point sacrifie-t-on sa liberté individuelle ? Un mineur chilien acceptera volontiers de descendre un mois dans la poussière et la pénombre d'une mine pour gagner ses cinq euros mensuels. Un Européen n'acceptera jamais une tache aussi ingrate et dangereuse pour une rémunération aussi basse. Le contexte est que même un Européen sous-éduqué préférera trouver une activité moins désagréable et plus lucrative, car selon son contexte personnel et environnemental, il estime être en droit de trouver mieux.

L'est '-il vraiment ? Qui peut le dire ?
Ce jeune homme restera peut-être des années sans emploi et pourtant, il n'acceptera toujours pas de sacrifier son existence à ce point. Car dans son monde a lui, un européen, même sous-éduqué ne travaille pas à la mine et doit trouver

un emploi avec des conditions minimums acceptables. Si cet homme avais vécu au Chili, il aurait sens doute accepté...

La seule différence est que son univers contextuel ne serait pas le même. N'est-il pas malheureux de laisser le gouvernement du pays où l'on vit, construire notre univers contextuel intérieur ? Est-ce que Nelson Mandela aurait pu survivre et devenir président s'il n'avait pas lui-même créé son propre univers contextuel ? Je crois qu'il explique bien mieux que moi dans ses archives, comment il a décidé de rester un être humain, conservant sa dignité du début à la fin, traitant avec respect ses oppresseurs, refusant d'être avilies à une condition inférieure pendant sa captivité. Ces geôliers on ensuite, à la grande surprise des autres détenus, adoptés un comportement humain, se synchronisant avec le dominant, cet homme, qui a su rester homme et ne s'est jamais laisse extirpe de sa dominance charismatique.

Il a réussi, par sa communication non verbale, et la manipulation intelligente de son environnement, à inviter insidieusement ces oppresseurs à se synchroniser sur son modèle de confrontation interpersonnelle et à reconnaitre son autorité humaine et existentielle.

Il y a une bonne vielle technique de grand-mère pour perdre le track d'un rendez-vous qui recommande d'imaginer la ou les personnes en slip ou nue, afin de se sentir plus sûr de soi en s'imaginant être la seule personne vêtue. Cette technique s'avère particulièrement inefficace et peut même provoquer l'effet inverse. Si l'on garde à l'idée que les hommes se rassurent en se synchronisant un maximum avec les autres, cette technique induira l'effet inverse de ce réconfort, car elle se base sur la désynchronisation. Aussi surprenant que cela puisse paraitre, être la seule personne habillée au milieu de dizaines d'autres nues serait peut-être plus embarrassant que d'être synchronisé avec les autres, et donc se fondre dans la masse. Les a priori sociaux et bien d'autres éléments de notre esprit réactif pourraient contredire ce fait, mais machinalement, nous sommes tout de même plus rassurés lorsque synchronisés avec le groupe.

De pare mes propres expériences sociales et professionnelles, je dirais que le moyen le plus efficace de perdre son track (par exemple lors d'une présentation publique, une interview ou même dans un cadre plus banal, un entretien d'embauche), est d'avoir conscience que les autres personnes présentes ne sont pas la raison de votre mal-être, mais se serait plutôt la crainte de ne pas réussir à vous imposer par votre maitrise du contexte. Les craintes qui vous donnent le track sont toutes directement ou indirectement liées à des facteurs de communication. La crainte de laisser une mauvaise impression pendant les premières secondes, et donc de perdre du crédit et du poids dans votre exposé.

La crainte d'un trou de mémoire ou d'un mauvais lapsus. La crainte de ne pas avoir réussi à être compris et avoir convaincu par les mots. Il faut donc comprendre que votre peur vient de vous-même et non pas des autres. Lorsque vous assistez à une conférence ou à la présentation d'un intervenant, vous n'êtes pas a forcément l'affut de la première moquerie possible ou de la petite erreur de prononciation qui vous permettra de le déstabiliser. Vous entrez plutôt dans un mode passif, ou vous laissez sa chance à un autre être humain de vous exprimer une idée, par son propre mode de communication. Vous êtes donc ouvert à la passivité, à la suggestion et à la « conciliation de politesse ».

Il n'y a donc aucune raison pour que l'intervenant soit sujet à une pression particulière ou au track, puisque vous êtes dans un mode de tolérance ou vous allez lui laisser l'opportunité de se synchroniser avec vous, et de profiter éventuellement de votre passivité conversationnelle. Il faut garder cette approche mentale lorsque vous êtes dans le rôle d'un professionnel qui cherche à vendre son projet, ou lorsque vous avez besoin de la confiance de votre banquier pour un crédit. Il faut bien comprendre que ce comportement naturel de conciliation de politesse et de besoin de synchronisation se retrouve dans tous les aspects de la vie sociale d'un individu.

Lorsque vous arrivez donc à créer votre propre univers contextuel, que vous profitez de la passivité d'un individu en situation communicative, et que vous arrivez à le tourner à votre avantage, les portes du succès social et professionnel s'ouvrent à vous. La communication efficace, « CE » pour les Téléphasistes, est le prolongement et la synthèse de cette aptitude à maitriser, contrôler et mettre à profit l'aura que l'on dégage.

Le but de cette maitrise est de créer son univers contextuel, et le faire appliquer aux autres. Le vrai pouvoir ne se donne pas, il se prend. Ce qui fait d'un être humain un être humain, sont sa conscience, sa capacité à comprendre qui il est et ce qu'il peut. Plus il s'éloigne de cet état de conscience avancé, plus il perd sa capacité analytique, et plus il devient manipulable et faible.

Le mode de vie de la société d'aujourd'hui nous éloigne de plus en plus de cet état de conscience avancé. Les humains deviennent de plus en plus confus sur les sujets qui les concernent. Ils sont de moins en moins capables d'évaluer objectivement la valeur de leur existence, ce qui fait le bonheur des exploiteurs en tout genre. Psychologues, industriels, commerciaux, chefs d'entreprises, boursicoteurs du cac40 et j'en passe. Il est grand temps pour l'homme libre et moderne d'arriver à gagner l'aptitude de comprendre ce qu'il vie, malgré les confusions sociales dont il est victime, et l'exploitation de cette confusion dont le système est coupable. Comprendre d'où il vient, ce qu'il peut, ce à quoi il doit avoir droit... L'origine des religions que je ne dépeignerais pas ici, mais qui est étudiée dans le programme d'apprentissage de la Téléphasie aide à comprendre comment l'homme a toujours menti à l'homme.

Les mensonges sont rarement intéressants, mais certains doivent être dévoilés pour permettre le développement personnel. Le Téléphasiste apprend ce qu'est la création d'un univers contextuel personnel, il apprend à s'y sentir à l'aise, et à l'imposer à son environnement social afin de pouvoir gagner en charisme et leadership.

Le leadership, briller par le charisme.

Le charisme et le leadership sont une constante dans la réussite des individus à l'aise dans leur vie sociale. Ce sont deux qualités qui permettent une communication décomplexée, extravertie, et souvent approuvée par les autres même si des points de désaccord peuvent naturellement persister entre les individus et leur croyance. Certains individus ont la chance d'être dotés de ces qualités dès leur naissance, d'autres vont les gagner par diverses expériences enrichissantes de leur vie, et d'autre encore vont passer par des techniques de développement personnel ou autres stages et séminaires, dans le but de travailler ces aspects de leur personnalité. À l'origine, ce genre de formations étaient plutôt destinées à des managers, directeurs de services ou chef d'entreprise.

Aujourd'hui, chacun peut comprendre que ces qualités sont toutes aussi utiles et indispensables dans un cadre personnel, familial et amical. Au-delà d'un regain de confiance en soi et du bienêtre, le fait d'être harmonieusement suivis par les individus avec qui l'on dialogue, amène a beaucoup de possibilités relationnelles, professionnelles et amoureuses. Cette étude Téléphasique du leadership est fondée sur les bases de la nature humaine. Dans ce domaine d'étude, la Téléphasie vous apprend à être intéressé par l'être humain et l'exercice d'un leadership efficace. Efficace, car différent de celui enseigné jusqu'à présent dans les écoles de management et les séminaires, qui consistent à vouloir tout simplement reproduire les gestes et processus des grands leaders, sens s'intéresser à la porte d'accès humaine, qui va permettre cette interaction fusionnelle entre le leader et ceux qui le suivent. La méthode scolaire qui consiste a littéralement « apprendre » le leadership, contraint l'étudiant à retenir par cœur des informations qu'il ne ressentira pas forcement, et dont il va devoir faire l'effort de se souvenir.

Cela va avoir pour effet de dénaturer totalement le charisme de l'élève et lui faire jouer un rôle qui n'est pas le sien, qui ne colle pas à sa personnalité. Nous n'allons donc pas donner des informations, ou des explications, mais allons plutôt chercher à amener l'élève à devenir, à être un leader charismatique au regard des autres, mais aussi pour lui-même. Et j'insiste sur le dernier point, le charisme et le leadership sont deux vertus dont on peut profiter individuellement, sans avoir pour autant la responsabilité d'être chef d'entreprise ou père/mère de famille. Apprendre à être son propre leader, à avoir une capacité de décision, un libre arbitre, une capacité d'analyse claire et définie, permet tout d'abord de diriger sa propre existence, avant même de penser à diriger celle des autres. Lorsque le Téléphasiste est capable de constater la transformation qu'il aura vécue, qu'il sera capable d'utiliser ses nouvelles aptitudes afin de rendre sa propre vie beaucoup plus fluide et moins problématique, et il pourra ensuite appliquer cette énergie à canaliser les autres individus de son entourage. Le but de cet apprentissage (qui fait partie intégrante du développement personnel Téléphasique), est d'amener l'élève à devenir un leader charismatique et à ce que cette transformation face partie intégrante de sa personnalité.

C'est une idée préconçue de considérer que des individus sont des leaders nés et que tous les autres n'ornons jamais accès à ce type d'aptitudes. Être charismatique, être un leader sont des qualités relationnelles. Ce qui signifie en toute logique, qu'a un moment donné, chacun se retrouve dans un apprentissage relationnel qui lui permet par la suite de s'approprier le comportement et la philosophie d'un leader. Certaines personnes plus ou moins introverties ou timides pourraient penser que ces caractéristiques de charisme et leadership ne leur sont pas accessibles ou même désirables. Pour ma part, je considère que chacun va utiliser différemment ces aptitudes, et que le but n'est pas nécessairement d'être le dominant en toutes circonstances et dans toutes conversations ou même d'être en permanence celui qui décide ou propose. Mais plutôt d'être à même de faire corps avec chaque situation et de décider de par soi-même de la forme relationnelle la plus adaptée. Il faut apprendre à faire la distinction entre « la nature humaine d'un individu », et « la nature humaine » tout-cour.

En effet, on peut dire de quelqu'un qu'il est nonchalant, timide, bout en train, etc…. En fonction de chaque nature humaine individuelle, les individus donc, vont agir et penser différemment pour chaque type de situation, et c'est ce qui va permettre aux autres d'analyser inconsciemment ces informations comportementales, et les qualifier de nonchalants, timides ou bout en train dans notre exemple. Cependant, il y a des actes et des raisonnements qui ne sont pas inhérents à la personnalité propre des individus, mais a « la nature humaine ».

Ils sont le fruit du conditionnement culturel auquel chaque individu est soumis. Ces réflexes anti logiques et que l'on peut qualifier de réflexes émotionnels, sont une part de ce dont nous voulons débarrasser l'élève, pour qu'il puisse ensuite être à même de penser de manière rationnelle et non impulsive ou émotionnelle et de pouvoir juger d'une situation objectivement, sens se renfermer dans un cliché comportemental. La capacité première du leader est de pouvoir dégrossir une problématique, « nettoyer la plaie ». Un problème, est souvent la cause ou la conséquence de multiples autres petits problèmes. Il y a donc souvent une chronologie à une problématique. Le leader va tout de suite à chercher là nettoyer la plaie, à trouver la chronologie et dégrossir la problématique. C'est un travail préparatif qui permet déjà de différencier ceux qui seront victimes du problème, et ceux qui seront les acteurs de sa résolution. Il y a des raisonnements et comportements qui ne sont pas le fruit de notre nature ou de notre réflexion, mais plutôt d'un instinct éducatif, social ou culturel, qui nous amène à considérer que tel ou tel acte est bien, malveillant ou inapproprié. Ce sont des réflexes comportementaux parasites, dis « cliches comportementaux ».

Une image que j'ai souvent ressentie et exprimée à des gens de mon entourage est que la plupart des individus qui n'arrivent pas à régler leurs problématiques sont souvent bloqués à l'étape du point d'entrée au problème. Ils regardent le problème et ne voient pas de point d'accès pour arriver à entrer au cœur et en définir la composante.

« Ils prennent leur problème entre les mains, mettent une oreille dessus, le secouent un peu pour voir, puis font une boule avec. Ensuite ils le regardent d'en haut, puis d'en bas, et ne voient aucune différence dans la forme et l'expression alors ils le regardent de côté, continuent de le faire rouler entre leurs mains jusqu'à conclure finalement qu'il n'y a aucun accès a la solution et qu'après l'avoir observé sous tous ses angles, celui-ci est trop difficile à appréhender».

Le leader charismatique va trancher le problème et regarder ce qu'il y a a l'intérieur. Il va en définir la composante, les ingrédients et enfin sa chronologie. La source d'une problématique ou même d'un conflit entre personnes peut être difficile à identifier pour la plupart des individus. Tout simplement parce que chacun peut avoir une interprétation différente et plus ou moins philosophique quant au facteur de responsabilité. Lors d'une décision de justice, les litiges sont tranchés par des variables environnementales facilement identifiables et définissables.

Le jugement sera influencé par l'atmosphère politique, les circonstances atténuantes ou aggravantes, par l'âge de l'auteur et de la ou des victimes, ainsi que la condition physique et morale de la victime et bien d'autres facteurs. Même si la plupart des jugements rendus restent constables, ce système reste la seule alternative de dernier recours, la justice étant reconnue même dans l'injustice, puisqu'elle se base sur ses propres critères d'interprétation de ce qui est juste. Pour faire cour, « L'arbitre a toujours raison ». Lors d'une situation conflictuelle intra familiale ou professionnelle, chaque individu va se donner le droit de juger selon ses propres éléments, selon son propre univers contextuel, et la seule alternative reste donc le consensus.

Ce qui veut dire que celui qui désire régler un conflit devra être capable de comprendre et de s'emparer de l'univers contextuel de son opposant, afin de renouer un consensus sur un nouvel objectif commun, ce qui est toujours très difficile pour un « non Téléphasiste » lors des conflits intrafamiliaux ou amicaux. La capacité du leader à faire preuve d'ouverture, de curiosité, de lecture mentale et de charisme dans son approche sociétale, est ce qui le mène à réussir par son sens de l'observation et de la communication. Si l'on observe les leaders les plus charismatiques et les plus respectés de ce monde (Martin Luther King, Che Gue Vara, Nelson Mandela, Gandhi, le commandant Massoud et d'autres), sont tous des individus qui sut imposer leurs philosophies par le rassemblement et non la force. Ils ne sont ni tyranniques, ni violents avec les leurs, mais respectés, aimés voir même adulés.

Cela démontre bien que le leadership ne passe pas nécessairement par la confrontation ou le conflit. Mais par une capacité a « magnétisé » la conscience des individus, a les inviter à avoir un regard différent qui leur permet non pas de vous approuver sens esprit critique, mais plutôt de vous comprendre, et de ressentir l'essence de votre motivation, de ce qui vous différencie des autres par votre capacité à écouter et percevoir. La plupart des individus craignent de ne pas être vraiment compris, ou de ne pas s'exprimer correctement. Lorsque vous devenez capable de ressentir leurs émotions par votre observation et votre compréhension du langage non verbal, ils ont naturellement tendance à se tourner vers vous pour échanger des idées ou même se confier, car ils savent qu'ils seront compris. Vous devenez alors un élément clef de votre propre existence, une personne de confiance, avec un sens de l'intégrité qui resplendit à l'intérieur de votre être et qui illumine la sincérité et le charisme qui vous caractérise, et dont vous faites profiter votre entourage. C'est de cela qu'il s'agit, lorsque l'on parle de développement personnel et de l'apprentissage du leadership. La Téléphasie à sens nul doute l'approche la plus pure, et la plus intègre de cette philosophie du leadership.

Partie III

Analyse Téléphasique, les cinq dynamiques universelles.

Je vais aborder les cinq dynamiques universelles en invoquant la notion de performance. Tout ce qui est performant est fonctionnel et donc entre dans le plan EMAST. Pour comprendre le plan EMAST qui gère l'ensemble des règles universelles, il est important d'établir avec lucidité une définition contextuelle de la performance. Nous allons maintenant aborder l'aspect scientifique, sociologique et psycho-cybernétique de la Téléphasie. Je dois reconnaître que ce domaine me concerne plus moi en tant que coach et créateur de cette méthodologie, car c'est cette analyse segmentaire et ma compréhension de la cybernétique en générale qui m'a permis de pousser la sophistication de cette méthodologie a un très haut niveau.

C'est également ce qui m'a permis d'en faire un programme d'une simplicité déconcertante. Pour simplifier un concept extrêmement vaste et complexe, il faut en avoir une compréhension particulièrement avancée. Ne pas comprendre un seul aspect de la personnalité de l'homme, ou avoir des zones d'interrogation sur le pourquoi du comment, et c'est toute votre analyse sociologique qui est à revoir. Peu d'amateurs en psychologie (y compris les psychologues eux-mêmes) comprennent l'importance de l'interaction entre les systèmes et sous-systèmes. C'est pourquoi j'ai démarré mon étude sociologique par la cybernétique.

La cybernétique est la science constituée par l'ensemble des théories sur les processus de commande et communication, et leur régulation chez l'être vivant, les machines et les systèmes sociologiques et économiques.

C'est donc une science basée sur la compréhension des interactions. Les interactions, quelle que soit leur nature (homme-homme, homme-machine, machine-machine, homme-société, société-machine, etc.), sont toutes régies par le même système matriciel que je décris et explique par le concept EMAST. Énergie, Matière, Attraction, Synchronisation, Temporisation. Avant de développer ce concept plus en détail, il faut comprendre que l'intérêt pour la cybernétique réside dans la recherche de la performance au sens large du terme.

Il y a plusieurs dynamiques de performances, de même qu'il y a plusieurs sous-dynamiques au sein d'une seule dynamique de performance. Nous pouvons évoquer la performance dans nos actions, ou la manière dont nos actions performent en vue des objectifs qu'elles sont censées atteindre.   Il y a donc déjà deux moteurs de dynamiques possibles dans l'établissement de nos objectifs, et la manière dont on classifie le succès d'une action. Lorsque l'on évalue une performance, nous pouvons donc évaluer la manière dont les actions ont été exécutées, ainsi que l'impact de nos actions sur les variables de notre environnement.

On imagine que plus l'impact est important, et plus la notion de performance dans l'acte est appréciable. Cependant, il y a plusieurs couches applicables de la performance, que l'on peut évaluer dans notre travail, ou notre vie personnelle. Nous pouvons donc déjà faire le distinguo entre une notion de performance globale (celles de la vie de tous les jours) et la performance dans l'action, en vue d'un objectif déterminé. Lorsqu'un individu va analyser ses performances, il va prendre en compte ses actions, leurs impacts sur les variables environnantes, mais aussi l'impact des variables sur ses actions.

On peut se rendre compte facilement que cet exercice s'avère plus complexe qu'il n'en a l'air. La preuve est que souvent, lorsqu'un individu réussit une performance, il va attribuer ce succès à ses actions. Lorsque ses actions échouent, il attribuera souvent la cause de ses échecs à des variables environnementales.

Il faut donc être en mesure de prendre conscience d'une définition globale et reconnaissable de la performance dans un contexte déterminé. L'idée de performance, technologique ou individuelle, a une définition intrinsèque qui est différente selon les époques, les cultures, et les individus. La notion de performance pour un sportif n'aura pas la même signification que la performance des salariés au sein d'une entreprise. D'ailleurs, elle peut prendre une définition différente selon les objectifs de celui qui commet des actes, dans son optique de performance. Malgré toutes ces variables à prendre en compte dans l'établissement d'une performance, j'ai pu déterminer les cinq dynamiques de la vie, intégrées à un plan d'analyse nommé EMAST.

Énergie, Matière, Attraction, Synchronisation, Temporisation.

Il faut déjà avoir conscience que la vie en soi est une performance, puisqu'elle est valide, et résulte du succès d'une série d'actions. Le système reproductif est performant, car valide. Si la réunion de cinq dynamique suffit à créer la vie, nous pouvons donc utiliser ses cinq dynamiques pour analyser et réussir n'importe quel type de performance (professionnelle, sentimentale, existentielle, etc.). L'analyse du plan EMAST est très intéressante en soi puisqu'elle permet d'aborder n'importe quel sujet de la vie, dans une optique de performance et de fonctionnalité.

Ce que je veux dire, c'est que quelque chose qui fonctionne est par définition performant. Lorsque l'on comprend de quoi est compose le plan EMAST, on comprend comment fonctionne l'univers, les rapports de séduction homme-femmes, les rapports d'attraction matière-matière, hommes-hommes, hommes-matière etc. Lorsque je parle de séduction, je parle bien d'un plan affectif, amoureux et physique. Lorsque je parle d'attraction, il ne s'agit plus du plan affectif, mais d'une notion d'attraction beaucoup plus générale, tel que la force de gravité a laquelle, les hommes sont soumis. Les dynamiques du plan EMAST se retrouvent invariablement dans tous les contextes de créativité. Ainsi, la création de l'univers est issue d'une mécanique énergétique, qui comprend exactement les mêmes dynamiques que l'on retrouve dans toute approche de la performance.

Il est très surprenant de constater ces similitudes, car cette piste nous laisse penser qu'il y aurait donc une forme de mise en équation possible de la performance, de la même manière que l'énergie peut être représentée par une valeur en joules. Les cinq dynamiques de la performance sont établies par les événements qui datent de la création de l'univers. La première dynamique que nous allons analyser est l'énergie.

La dynamique Énergie, le rôle d'un quotient énergétique dans l'établissement d'une performance.

La première dynamique, l'énergie.

L'énergie est l'exemple par excellence de la mise en mathématique d'une forme de dynamique de performance. Il y a plusieurs déclinaisons énergétiques possibles comme le feu, l'eau, l'électricité, le mouvement, la vitesse, etc. Il y a évidemment d'autres sources énergétiques moins connues. Chacun peut comprendre la fonction primaire d'un capital énergétique. Par exemple, tout le monde peut comprendre que pour actionner les bobines géantes des centrales électriques, il faut beaucoup d'énergie, et que la chaleur dégagée par le nucléaire, ou la puissance inertielle de l'eau sont des formes de capitaux énergétiques indispensables pour le fonctionnement de ces moteurs.

Le corps humain qui produit de l'énergie a besoin d'un apport en capital énergétique qu'il va ensuite transformer et consommer. Ce sont ci-dessus des mécaniques très simples et compréhensibles par la plupart d'entre nous, car elles ne comprennent que très peu de variables. Lorsque l'on parle d'un sujet aussi vaste que la vie ou même la création de l'univers, la dynamique énergétique est beaucoup plus complexe à cerner. Un exemple qui permet de comprendre la complexité d'une mécanique énergétique, est que jusqu'à présent, l'homme n'a jamais réussi à créer un objet étant capable de générer un mouvement perpétuel, lui-même capable de transmettre ou transformer sa propre énergie.

Autrement dit, générer de l'énergie exploitable par un mouvement perpétuel. Mouvement perpétuel lui-même généré par une source d'énergie infinie, car auto-généré. Nous pouvons donc comprendre par cet exemple que développer une mécanique énergétique indépendante est un exercice fascinant, complexe, mais incroyablement fascinant. Pour avoir une approche compréhensible de cette dynamique énergétique, il faut bien souvent se référer à la mécanique de base d'un moteur de voiture par exemple. Ainsi, on comprend que chaque mécanisme d'une dynamique globale (ici dans l'exemple d'un moteur), peut-être singularisée, et analysée comme étant un sous-système indépendant, indispensable à l'équilibre mécanique d'une dynamique globale. Tout système mécanique complexe a des capitaux énergétiques indirects, sophistiqués et transformés, qui ne sont pas toujours facilement identifiables.

De même que dans les systèmes et réseaux électroniques sophistiqués, les systèmes de surfaces sont dépendants d'autres sous-systèmes, qui vont gérer leur capital et répartition énergétique. En mécanique classique il est facile de différencier le rôle du carburant qui va propulser certains éléments du moteur et le comburant qui va aider à la combustion pour la propulsion. Lorsque des sous-systèmes intelligents sont engagés dans un travail de gestion du capital énergétique, on peut considérer qu'ils deviennent eux-mêmes une dynamique énergétique à part entière. Certains de ces systèmes hautement sophistiqués sur lesquels j'ai déjà eu l'occasion de travailler durant ma carrière (en tant qu'ingénieur) sont tout simplement copiés de ces réalités universelles qui sont parties intégrantes des lois de la physique quantique. Cela va peut-être vous surprendre, mais ces systèmes nous ne les maitrisons jamais à cent pour cent. Cependant, nous sommes capables d'en comprendre les mécanismes, et d'en exploiter toutes les capacités pour répondre aux besoins de notre vie moderne, et notamment pour maintenir en fonction les systèmes financiers informatisés et virtualités, les systèmes de booking en tout genre, l'alimentation des villes en électricité, le maintien des réseaux satellitaires, etc.

Tous ces systèmes que nous arrivons à maitriser et dont nous tirons partis dans notre vie de tous les jours, sont basés sur les mêmes cinq dynamiques de performance que celles de l'univers, et cette technologie complexe et magnifique, est adaptable de la même manière aux variables qui composent notre vie. Je me suis dit que plutôt que de voir la vie comme un enchainement d'événement hasardeux, ou d'événement déjà écrit pour ceux qui croient au destin, le mécanisme cybernétique de la vie était tout aussi étudiable et maitrisable que les autres systèmes complexes qui se basent sur les mêmes cinq dynamiques de performance.

Pour en revenir à la dynamique énergétique, il est important de comprendre que globalement, elle se présente soit sous la forme de « combustible », sois sous la forme de sous-systèmes et donc d'une dynamique indépendante. Les sous-systèmes de la vie sont des enchevêtrements de situations factuelles, qui vont avoir une influence sur la mécanique énergétique de votre performance. Un sous-système peut-être d'une complexité incroyable, parfois beaucoup plus que le système « maitre » lui-même. Un sous-système est une mécanique qui peut être physique, électrique, informatique, humaine, sociale…

Mon approche de la cybernétique est d'appliquer le reverse-engineering aux domaines sociaux de la vie, me permettant une maitrise environnementale en tant qu'ingénieur en cybernétique au sein d' IH France. Je reviendrais plus tard sur la cybernétique qui est une science ultra influente dans l'établissement d'une performance. Elle contient les domaines d'interactions entre le sujet et son environnement qui entre en compte dans l'appréciation de sa performance. L'énergie est la première force, la première dynamique à la naissance de n'importe quelle entité existante.

Les sous-systèmes peuvent être des solutions de capital énergétique, et doivent être pris en compte. Le Téléphasiste au travers de sa formation apprend à reconnaitre les sous-systèmes sociaux qui influencent sa vie, son capital énergétique, et donc sa performance. Il apprend à comprendre, comment fonctionnent ces sous-systèmes cybernétiques et comment les utiliser pour réaliser ses performances. Cette dynamique « Énergie » peut paraitre simple à comprendre, on imagine tout simplement que l'on peut la comparer à de l'essence pour un moteur, de l'électricité pour un appareil, de la nourriture pour un homme. C'est vrai et faux en même temps. Lorsqu'on analyse un système complexe, un sous-système, lui-même alimente par une source d'énergie, peut devenir la source énergétique principale d'un système « maitre ». Je veux dire par la qu'en cybernétique, il faut être capable de séparer les différentes familles énergétiques, et arriver à comprendre qu'un système qui s'alimente d'une énergie, peut lui aussi être source d'énergie pour un système plus globale.

À titre d'exemple, je peux faire un parallèle en référence à mon chapitre sur la transmission des clichés et des dogmes. Le cliché qui dit : « Il faut travailler dur pour réussir » est justement un exemple de confusion d'exploitation énergétique dans l'établissement d'une performance. Ainsi, un idiot qui commencerait sa journée de travail très top le matin pense qu'il est méritant. Il le pense, car se lever très tôt demande un fort capital énergétique, et l'homme primaire pense que là où il y a énergie, il y a forcément performance.

Ce n'est pas le cas puisque l'énergie ne peut donner de la performance sans être correctement transformée. Cette constatation est vérifiable par le fait que beaucoup d'idiots se lèvent tôt le matin pour travailler dur, mais ne réussissent pas dans la vie. Ce qui laisse à penser que ces gens n'ont accès qu'à une seule dynamique de la vie, l'énergie non transformée. Tout ça pour expliquer l'importance de la compréhension des dynamiques et sous système, pour éviter de dépenser de l'énergie inutilement. Un peu comme un automobiliste qui appuiera à fond sur la pédale d'accélérateur alors que ses pneus patinent dans la neige. De même que la situation décrite précédemment, j'ai déjà entendu parler des étudiants qui se méprenaient également sur l'utilisation du système EMAST et notamment, toujours cette même confusion sur l'utilisation de la dynamique énergétique.

Prenons l'exemple d'un étudiant un peu simplet qui prépare un examen. Il a pour habitude, hors période d'examen, de sortir presque tous les soirs en boite de nuit pour s'amuser. Arrive en période d'examen, il se rend compte qu'il doit faire preuve de sérieux et qu'il doit s'améliorer rapidement s'il veut décrocher son diplôme. Il se met à réviser, et reçois le coup de file d'un ami qui lui demande de sortir avec lui. L'étudiant refuse, se disant qu'il faut « travailler dur pour réussir».

Il ne sortira pas ce soir, et ressent déjà un sentiment de fierté et d'accomplissement, juste par le fait d'avoir refusé cette sortie nocturne. Fier de sa « droiture de personnalité », et de son refus, il va réviser une demi-heure, ranger sa chambre, faire sa vaisselle, classer de la paperasse en attente depuis longtemps et même se coucher tôt. Cette série d'actions demande beaucoup d'énergie à cet étudiant qui d'habitude sort tous les soirs. De plus, il a commis une série d'actions totalement clichée, lui procurant un sentiment de droiture et d'accomplissement. Il va donc avoir l'impression d'avoir mis sa soirée à profit et d'avoir travaillé sérieusement et efficacement. Ce qui est faut puisque réviser une demi-heure et faire un peu de ménage ne peut pas être considéré comme un exploit garantissant une réussite existentielle. La raison pour laquelle cet étudiant ressent une dépense énergétique, est le différentiel qu'il ressent par rapport à son comportement habituel, et l'exception qu'il a faite à ces habitudes pour cette soirée de révision. Cette émotion humaine n'a aucun plan de validité dans le système EMAST.

Si l'on fait un parallèle entre cet étudiant et le plan EMAST adapté a la mécanique, et si l'on compare cet étudiant a un pilote de ligne, on peut imaginer un avion qui souffre d'une fuite de carburant, et un pilote qui se rassure en se disant que forcement si l'on perd du carburant, c'est que l'on gagne des kilomètres. Ce qui est évidement faut lorsque l'on perd de l'énergie à défaut de l'investir. Si l'on regarde la jauge de carburant, il n'y a aucune différence entre une fuite et une dépense. Celui qui regarde la jauge sans comprendre ce qu'elle mesure, pense investir correctement son énergie qu'il est en train de perdre. C'est pour cette raison que le système EMAST doit être compris dans son ensemble pour permettre à un individu de mettre ses connaissances en cybernétique au service de sa vie et de son confort de vie.

La dynamique Matière, le matérialisme relationnel au centre du cercle de la performance.

La dynamique Matière est la deuxième composante primaire des cinq dynamiques de la vie. Il est important de pouvoir déterminer selon un contexte établi ce qu'est la matière, et son interaction avec les autres dynamiques. La matière peut être l'aboutissement d'une transformation, ou bien servir de matière première à une transformation. La matière peut même créer de la matière qui va servir à créer...de la matière. Cette dynamique peut donc être un procédé, ou une résultante d'action.

Quoi qu'il en soit, la matière, qui peut être physique ou non, va se retrouver bien souvent malgré elle, au centre de la cybernétique de performance. Lorsque la matière va être utilisée comme partie intégrante d'un procédé, il va falloir s'assurer de la valeur énergétique de cette matière, et de sa capacité à remplir son rôle au sein des autres dynamiques de performance. À l'inverse lorsque cette matière est une résultante, elle doit correspondre à un certain standard d'intégrité et de fiabilité, nécessaire au fonctionnement global de la performance. La matière va susciter beaucoup d'intérêt de la part des nombreux sous-systèmes qui s'y réfèrent. Pour commencer par le commencement, la matière est d'abord une résultante.

Elle peut l'être volontairement ou bien par l'enchainement d'événements (Le Big Bang par exemple). Une matière peut être la résultante d'un évènement naturel, catastrophique ou créatif. Une matière peut être aussi le produit d'une interaction sociale dans un contexte particulier. Chaque idée, philosophie ou procédé de transformation va donner naissance à de la matière. Celle-ci sera ensuite appréciée différemment selon les sous-systèmes récepteurs de ce résultat transformé. Ceci est valable en mécanique basique comme le charbon que l'on met dans la locomotive, ou le ciment que l'on crée après l'avoir passé à la bétonnière, ainsi qu'en cybernétique sociale, services délivrés, sentiments, unions, prestations, recherches, etc. Si l'on refait un parallèle avec la naissance de l'univers, il est aisé de se rendre compte que la matière tenait à la fois le rôle de capital énergétique et de résultante.

Ce qui a servi de capital énergétique a la naissance de l'univers, est après transformation, devenu une résultante. Ce qui démontre bien que finalement, « l'objet » n'est pas la « matière ». La matière est plus que ça, c'est un fruit contextuel. C'est la résultante d'une action ou série d'actions qui va avoir un rôle déterminant dans l'interaction entre les différents sous-systèmes. La matière, physique ou non, devient en soi un produit, le fruit d'une action ou série d'actions menées dans un contexte particulier.

C'est un aspect très délicat de la cybernétique, de pouvoir déterminer si la matière issue d'un contexte sera clairement définissable, viable, et utilisable par un sous-système. Un sous-système peut aussi être créé en résultante, par exemple dans le cas de la naissance de l'univers. En aucun cas les planètes n'ont été créées spécifiquement pour héberger la vie ; celles-ci sont des matières de résultat. Un individu qui s'attache a l'application d'une performance, doit être capable de considérer lui-même, si la matière impliquée à sa performance est viable, et si elle doit être considérée comme un carburant ou une résultante. Le spermatozoïde du male qui féconde la femme est une matière énergétique, donc un carburant. Le fœtus qui va naitre de l'union ovulaire et spermatozoïdaire sera une matière de résultante.

Il va sans dire que la dynamique d'interaction dans cet exemple présent est la dynamique d'Attraction, et c'est la troisième dynamique de la vie que nous allons analyser ci-dessous.

L'Attraction, la dynamique constructive de la vie.

La troisième dynamique de l'ordre logique de la vie est l'attraction. Toute interaction est précédée d'une forme d'attraction. Voyons le contexte de base qui permet l'attraction, en ayant à l'idée que nous parlons d'attraction dans le sens large du terme. Nous pouvons donc faire référence à une attraction entre deux matières, et nous pouvons faire référence à plusieurs types d'attraction ; physique, chimique, énergétique, matérialiste, émotionnelle, sociale, etc.

Il faut donc que les deux premières dynamiques soient existantes pour permettre l'attraction. L'attraction se nourrit donc d'énergie et de matière, et c'est un modèle que l'on retrouve aussi dès la naissance de l'univers. L'énergie crée la matière, puisque toute matière est une forme énergétique alors que toutes les formes énergétiques ne sont pas forcément matérielles. Lorsque l'énergie a créé la matière, l'attraction devient possible et les planètes se mettent en orbite, les unes avec les autres, dans un ordre hiérarchique prévu par le modèle systémique EMAST.

Ce modèle est celui de la nature, qui nous impose les règles de la cybernétique. C'est le système de base, qui permet à chaque élément existant de « fonctionner ». Dans le modèle EMAST, le terme « fonctionner » est très différent de la définition que notre langue lui concède dans son utilisation courante. Ainsi, le « rôle » d'un caillou dans le modèle EMAST reste très limité, et donc si l'on observe un caillou posé sur le sol, le simple fait de sa présence dans un contexte logique peut nous permettre de dire qu'il « fonctionne » ; puisque sa position au sein du modèle EMAST ne le lui requiert pas plus de fonction que d'exister. L'attraction est un phénomène tout aussi complexe dans sa définition pratique que l'énergie et la matière.

Lorsque l'on parle d'attraction entre les êtres humains, les variables de durabilités sont très difficiles à déterminer. Les individus sont souvent menés à confusions, car ils s'obstinent à vouloir analyser et matérialiser l'attraction plutôt que de laisser cette dynamique faire son œuvre, et porter son analyse sur la résultante du travail de cette dynamique au sein de notre performance. L'attraction est une dynamique complexe de notre existence qui va avoir un impact sur les sous-systèmes de notre vie et son rôle doit être considéré en corrélation avec les autres dynamiques.

L'attraction est une dynamique dont on peut tirer parti en tant qu'élément attractif ou attiré. Il n'y a pas nécessairement de conflit d'intérêts entre les individus dans l'accomplissement de leur performance, car chacun va mettre à contribution et utiliser les sous-systèmes des autres pour arriver à l'aboutissement de sa propre performance. C'est de cette approche que je tire l'idée que la compétition dans la performance générale n'est pas une fatalité, mais plutôt un moyen coercitif de détourner la performance des individus à des fins personnelles. Lorsque le système arrive à gangréner la dynamique importante dans l'existence de chacun qu'est l'attraction, les individus qui composent notre société ne sont plus à même de vouloir partager les ressources de leurs sous-systèmes et préfèrent cloisonner leur performance dans une recherche individuelle au sein d'une mécanique de groupe, ce qui est voué à l'échec.

La plus grave erreur qu'un individu puisse faire est de rentrer dans ce jeu de manipulation qui consiste à vouloir tout étiqueter. En effet, le système social d'aujourd'hui nous dicte les dogmes qui vont façonner notre vision de la vie, et nous persuader d'aborder ces questions complexes sous un standard imposé par notre système de productivité industriel. L'attraction n'est pas juste une question d'apparence, de physique ou de désir intellectuel. Il semble en effet que les couples, les amis, les relations d'affaires, les éléments chimiques entre eux, les ondes électriques et magnétiques se mettent en attraction pour des raisons purement pratiques de mise en partage de ressources de sous-systèmes.

Chaque matière est mise en attraction pour des raisons de fonctionnement purement individualisées. Chacun est conscient ou inconscient des ressources nécessaires à ses sous-systèmes qui se nourrissent de dynamiques. Pour ceux qui ont déjà pratiqué la chimie ou la physique à un certain niveau, je pense que vous ferez naturellement le parallèle avec les expériences que vous aurez pu faire aux cours de vos études. Lorsque vous voulez attirer une matière d'une surface où elle est encrée, il faut utiliser un attractif qui contiendra des éléments propices à une adhérence plus favorable que le support précédant, et ce, quelle que soit la qualité du premier support.

L'attraction au deuxième support ne se fera qu'à condition d'être capable d'apporter un plus fonctionnel à l'interaction de ces deux matières. Nous pouvons donc tirer comme conclusion que tous les éléments de notre dimension fonctionnent sous le même schéma systémique « EMAST », y compris bien entendu l'attraction, qui fait partie des cinq dynamiques de la vie. En définitive, l'attraction est une dynamique qui permet de concrétiser une phase énergétique qui a engendré de la matière. Elle permet à plusieurs sous-systèmes différents d'aller se mettre en relation, et contribuer mutuellement à l'accomplissement d'une performance globale de systèmes primaires qui s'attirent.

Avant d'aborder la dynamique suivante, je voudrais éclaircir un peu le fonctionnement de cette dynamique d'attraction dans les relations homme-femme. Je pense que cela intéresse tout le monde de pouvoir comprendre ce qui attire un homme chez une femme et vice versa. Pour parler simplement, comprendre cette notion d'attraction sera considéré comme de la « drague » pour les plus simplistes d'entre nous. Ce que cherche un individu dans ses relations, et notamment dans ses relations amoureuses, c'est de devenir complet, entier. Les gens disent souvent en parlant d'amour, qu'ils cherchent ou qu'ils ont trouvé leur « moitié ».

C'est une manière très juste de décrire ce phénomène puisque l'attraction est un sentiment égoïste et individuel. Chaque matière est attirée par une autre si cette dernière peut être une matière énergétique, et donc compléter les sous-systèmes de celui qui cherche « sa moitié ». Pour parler simplement, on est attiré par ce qui peut servir de matière énergétique à nos sous-systèmes.

Donc oui, l'amour (et même l'amitié), qui est un processus d'attraction, est par définition individualiste et matérialiste. L'homme attiré par la femme est un système (composé de matière) attiré par une potentielle matière énergétique qui peut servir de carburant à ses sous-systèmes, et vice et versa (femme-homme). Les sentiments d'amour et d'amitié ne sont générés que par la satisfaction d'exploiter chez l'autre et de transformer des matières en énergie. Lorsque l'on nourrit nos sous-systèmes, ils nous le rendent en émotions. Ces émotions sont des matières résultantes d'une interaction que nos sous-systèmes jugent bénéfique dans l'établissement de leur performance. Cette théorie est vérifiable dans un contexte en particulier. Celui des relations de convenance. Par exemple la fille pauvre et jolie qui est attirée par le vieil homme laid et riche. Ou encore, l'immigré qui se marie avec une femme pour obtenir des papiers. Et bien même dans ces exemples abjects d'attraction, sachez que l'amour peut devenir existant au même titre qu'une attraction dite classique (à l'inverse d'une relation de convenance). La seule différence entre un couple qui s'aime pour l'argent et un couple qui s'aime pour « autre chose », c'est la matière énergétique.

Dans le cas d'une relation de convenance, la matière énergétique sera l'argent, dans le cas d'une relation classique, ce sera le physique, le caractère, ou toute autre matière énergétique. Or, peu importe de quoi est composée la matière énergétique à partir du moment où elle génère suffisamment d'énergie pour alimenter les sous-systèmes de ces deux personnes qui sont attirées l'une par l'autre. C'est pourquoi il n'y a pas réellement de différence relationnelle entre une attraction dite de convenance, et une attraction dite spontanée.

La rupture de cette attraction peut être le résultat de deux problèmes de l'interaction. Sois une pénurie d'énergie, et donc l'une des deux parties ne se sent plus en mesure d'alimenter ses sous-systèmes avec l'énergie de l'autre, soit par une incapacité à transformer cette matière en énergie exploitable. Il y a une troisième possibilité qui peut être la chute brutale de manière énergétique. Les sentiments sont comme l'électricité, ils ont besoin d'un « différentiel » pour exister. Lorsque ce différentiel est réduit pour une raison ou pour une autre, la matière énergétique n'est plus suffisante, et l'attraction meure.

Le manque de différentiel peut venir de la routine, ou d'un partenaire trop « plat » qui manque de personnalité. Nous pouvons prendre en référence les gens considérés « trop gentils ». En général ces gens sont vus comme de bonnes pattes a qui l'on peut demander tout et n'importe quoi sans rien donner en retour. Ces individus se retrouvent souvent exploités à cause de leur gentillesse, que ce soit dans un environnement professionnel surtout, mais aussi personnel et notamment amoureux. Pourquoi est-ce que ces gens qui nourrissent les sous-systèmes des autres ne sont '-elles pas, au contraire bien vu, appréciés, et recherchés ? Pourquoi au contraire, sont-ils souvent méprisés, non remerciés et abusés jusqu'à ce qu'ils n'acceptent plus de rendre faveur aux autres en permanence ?

Et bien c'est pour une raison « physique » parfaitement compréhensible dans le plan EMAST, et notamment dans les interactions sociales et j'explique que chaque entité a besoin de nourrir ses sous-systèmes, tout en nourrissant ceux de l'autre, le partenaire. Ce qui veut dire que si l'une des deux parties n'est plus à même d'alimenter ses propres sous-systèmes, elle ne pourra donc plus alimenter ceux de son partenaire, et deviens donc non performant, invalide dans le plan EMAST. Pour parler simplement, si vous êtes trop gentil, que vous épuisez vos sous-systèmes à nourrir ceux des autres, ceux-ci vont inconsciemment percevoir votre carence en matière Énergie (toujours le plan EMAST), et ne serons plus confiant dans votre habilité à leur apporter la Masse énergétique nécessaire à leurs propres sous-systèmes.

Chaque individu est une entité qui a besoin d'un apport énergétique réciproque pour rester valide dans le plan EMAST. Si l'une des entités doute de la capacité de l'autre à aller « chasser » ses propres Matières Energétiques, alors le partenaire dominant doutera de la capacité de son partenaire dominé, à rester valide dans le plan EMAST et donc à garder une utilité de cohésion dans le couple. Ceci ne signifie pas forcément la rupture du couple, mais au moins la rupture de tout flux énergétique entre les partenaires, ce qui revient à faire perdurer une relation morte, un peu comme un nouveau-né qui garderai son cordon ombilical jusqu'a putréfaction et moisissure de la matière, ce qui est, je vous l'accorde, tout aussi répugnant qu'un couple qui vie sans amour.

Il faut aussi prendre en compte que la matière énergétique peu évoluer, changer avec le temps. Au contraire, le changement peut provenir d'un sous-système, qui a besoin d'une matière énergétique différente de celle qu'il recherchait initialement. Si le moteur de votre voiture manque d'huile, votre jerrican d'essence ne vous sert à rien malgré sa valeur énergétique. Cette observation est une transition logique pour aborder la dynamique suivante qu'est la synchronisation.

La dynamique de Synchronisation, la corrélation des sous-systèmes dans le cercle de la performance

La synchronisation est une dynamique qui prend son sens dans la continuité de l'attraction. Lorsque des matières sont en attraction, elles doivent ensuite se synchroniser pour arriver à alimenter leurs systèmes généraux, tout en conservant un équilibre équitable. Comme je l'ai expliqué précédemment, les matières ne s'attirent que par un intérêt fonctionnel pour leurs sous-systèmes. Elles doivent donc être capables de synchronisation, car si l'une des deux parties ne trouve pas les ressources nécessaires à ses systèmes, alors il n'y a plus aucun élément attractif qui peut retenir l'association de ces deux matières. La synchronisation sera autodéterminée par sa propre efficacité. En effet, la synchronisation est la capacité de deux matières, à trouver leur place dans le système EMAST, et donc au sein d'une mécanique fonctionnelle, puisque le système est basé sur la fonctionnalité des éléments entre eux, au sein d'une seule mécanique globale. Un moteur de voiture ne peut pas fonctionner si une ou plusieurs pièces de la mécanique globale ne remplissent pas leurs fonctions. On peut donc en déduire qu'un moteur sans ces pièces fonctionnelles n'est pas un moteur. Puisque par définition un moteur est une mécanique composée de plusieurs éléments et sous-systèmes fonctionnels.

Pour en revenir à EMAST, si un sous-système est invalidé par sa synchronisation, il va naturellement mourir pour laisser place un autre qui correspondra au schéma fonctionnel EMAST. En définitive, lors d'une attraction, si la synchronisation n'alimente pas raisonnablement les sous-systèmes des deux matières, alors leur interaction stoppera pour laisser place à une logique fonctionnelle. Encore une foi, ce mode de fonctionnement qui est valable en sociologie, physique et médecine, est aussi observable dans le fonctionnement de l'univers, et l'interaction des planètes entre elles. La synchronisation n'est pas forcément une dynamique contrôlée.

Elle intervient dans la suite logique d'une mécanique et est une résultante. On ne peut donc pas déterminer à l'avance la manière dont deux matières vont se synchroniser puisque leur interaction dépend aussi d'autres sous-systèmes non exclusifs qui se placent entre et autour de ces deux matières. Vouloir contrôler la synchronisation peut ralentir considérablement l'accomplissement d'une performance, dans le sens où une mauvaise synchronisation n'a pas de justification dans un système EMAST. Il faut donc la laisser mourir pour avoir une chance de resynchroniser une autre matière dans un schéma fonctionnel. Vouloir contrôler une synchronisation qui dérape ou essayer de faire revivre une synchronisation qui est morte, n'a aucun sens, puisque cela reviendrai à truquer l'interaction des matières qui n'arrivent plus à nourrir leurs sous-systèmes, et se serais aussi efficace que de vouloir faire manger de la nourriture en plastique a quelqu'un qui meurs de faim. De même, essayer de synchroniser volontairement deux matières inexistantes, ne peut aboutir à un système fonctionnel. Il y a un bon vieux proverbe qui dit que lorsqu'on veut, on peut.

Je pense que ce n'est pas si simple, car ce que veut un individu n'a aucune signification ni aucune importance d'un point de vue universel. Tout ce qui correspond au système EMAST est fonctionnel, tout ce qui ne le respecte pas est invalide. Le plus difficile étant bien sûr de déterminer si une action, une matière, ou une synchronisation a sa place dans le système EMAST et peut donc être intégrée à une dynamique de performance fonctionnelle. Le plus important est donc de ne pas chercher à contrôler la synchronisation, mais plutôt à la laisser s'exprimer et en tirer la matière nécessaire à nos sous-systèmes. À noter que deux matières attractives et pleines d'énergies ne seront pas en mesure de perdurer ensemble sans synchronisation. Cette synchronisation est parfois impossible, quand certains sous-systèmes ne sont pas fonctionnels, et n'acceptent pas par exemple, l'échange d'énergie.

La Temporisation (timing), la place de l'espace-temps dans le cercle de la performance.

Le timing, ou temporisation en terme francisé, c'est la logique qui sera appliquée à une action dans le temps. Lorsque le timing est propice, la logique est bonne, elle est en concordance avec le plan EMAST. La temporisation a un rapport très étroit avec la synchronisation qui est le temps. Je dirais même plus précisément, le momentum. Toute action a une fourchette de timing qui lui est autorisé dans la mécanique EMAST. Lorsque cette fourchette n'est pas respectée, l'impact de l'action est modifié, altéré ou invalidé.

Ce qui veut dire qu'une action exécutée hors du champ de temporisation qui lui est accordée, sera une action non contrôlée dans son contexte, car invalidée de son impact initial. Le proverbe tiré d'une fable qui dit que rien ne sert de courir car il vaut mieux partir à point, relève d'une certaine manière l'importance du timing. Il ne faut pas interpréter cette phrase comme une incitation à la lenteur ou à la passivité. Mais plutôt comme la démonstration que l'on peut décupler l'effet de nos actions, et donc dépenser notre énergie plus efficacement, lorsque l'on respecte la dynamique de timing. N'avez-vous jamais revu un ami d'enfance ou une personne pour qui vous ressentiez des sentiments amoureux très forts, et vous vous rendez compte qu'en revoyant cette personne, non seulement vous ne ressentez plus grand-chose, mais pire encore, vous ne savez même pas de quoi parler ? Vos souvenirs sont restés bloqués sur l'idée d'une relation chaleureuse avec cet ami ou amant, et pourtant les faits sont là. Vous ne savez plus comment prendre du plaisir mutuel à converser, à rire ensemble.

La raison est que vous n'êtes plus synchronisés (voir la rubrique de la dynamique de Synchronisation). Votre fourchette timing est épuisée, votre dynamique « Attraction » (voir la rubrique de la dynamique de l'Attraction) n'a donc plus sa justification dans l'application de votre performance, car elle n'a plus de justification dans le modèle de mécanique EMAST. Vous vous posez probablement avec stupeur la question suivante, est-ce qu'il est donc systématiquement impossible de renouer une bonne amitié laissée de côté pendant des années ? Non. Car la philosophie de la Téléphasie est que tout fonctionne de manière cyclique. Rappelez-vous que chaque cycle EMAST a sa justification propre, son système de survie et de renouvellement. Ce qui fonctionne au sein d'EMAST est forcément juste, puisque ce modèle représente la fonctionnalité à proprement parler. Il va donc falloir être capable de voir et laisser la matière mourir, et renaitre d'un autre cycle justifiable dans l'optique d'une performance. Il n'est donc pas possible de reconstruire l'amitié ou la relation telle qu'elle était des années avant, mais on peut la laisser mourir et faire place à un autre cycle. D'ailleurs, les personnes âgées qui ont des années de mariage derrière elles sont très bien placées pour en parler. En excluant les couples « arrangés », il est évident que pour s'aimer durablement et traverser toutes ces années et ce corps qui change, il faut être capable de laisser mourir certains cycles pour que d'autres renaissent.

La Téléphasie, ses origines, sont évolution

Je dirais que l'origine de la Téléphasie représente le résultat abouti de ma recherche de plusieurs années sur la nature humaine d'un point de vue très global. Il y a plusieurs constances dans le succès personnel et interpersonnel qui sont les suivantes.

- La communication
- La perception contextuelle et emphatique
- La connaissance et la maitrise de soi
- Le charisme et leadership

Si l'on observe les personnes à succès dans notre société, il sera très difficile de trouver une constante similitude qui explique leur réussite. Nous pourrons compter tout autant de parcours et stratégies différentes que d'individus. Tout autant de styles et origines diverses. Pourtant, les éléments nommés plus haut, sont des constances que l'on retrouvera toujours chez des personnalités à succès. Le point frappant que l'on peut souligner est que ces prés requis sont des aptitudes personnelles.

Il ne s'agit pas d'argent, ni de biens matériels, mais de qualités existentielles qui peuvent être travaillées et acquises lorsqu'elles ne sont pas innées. Il devient possible de cette manière de mettre en équation la réussite. De devenir capable de rassembler et maitriser un certain nombre de variables qui vont amener l'individu à être capable, et à celui qui est capable, d'apprendre à se dépasser. Un défaut que l'on retrouve chez beaucoup de personnes est le fait de vouloir atteindre le succès pour éviter à tout prix l'échec. Si vous êtes performant dans votre travail pour éviter l'échec et non pas pour accomplir un objectif de votre vie, alors vous ne profiterez pas pleinement de votre réussite, et cette épée de Damoclès que vous acceptez de laisser en suspend au-dessus de votre tête finira par avoir raison de votre bonheur, et de la foi que vous portez en votre existence. Ce qu'il y a de frappant chez ces personnages qui ont réussi, c'est qu'en général, lorsqu'on leur demande d'expliquer ce que sont les ingrédients de cette réussite, ils en sont bien souvent incapables. Il s'agit probablement de leur capacité à ressentir des choses qu'ils ne peuvent analyser et mettre en formule. Un bon communiquant est en général un individu qui sait écouter.

Il ne s'agit pas d'écouter uniquement les paroles, mais aussi tous les autres types de messages non verbaux qui font parties du mode d'expression des humains et de la plupart des animaux. Lorsque l'on sait qu'un singe sourit pour exhiber ses canines et intimider ses congénères, on peut donc en déduire que sourire à un singe n'est pas un message non verbal approprié à une bonne entente.

La sophistication de la communication humaine dans son aspect le plus global a dans un premier temps permis une évolution très rapide de la société et de la cohésion entre les hommes. Cependant, elle est très rapidement devenue une barrière, une difficulté de plus, à pouvoir faire corps avec notre prochain. Un nombre incalculable de codes, de rites, de variantes culturelles, mais surtout sociales, ont ajouté une composante complexe dans l'établissement d'un équilibre viable du mode de communication humain. De cette difficulté ont découlé des névroses sociales telles que la timidité, le bégaiement, et cette nouvelle sorte d'exclusion a probablement été la cause de nombreux cas de sociopathes. À l'inverse, un individu qui a une maitrise de cet art qu'est la communication pourra, tel un musicien, profiter de toutes ces déclinaisons pour enchanter son entourage, et resplendir socialement par sa personnalité. Ma quête de mise en équation de la réussite m'a mené à m'intéresser tout particulièrement à l'individualité de l'homme, ce qui le rend unique, et ce qui le relit aux autres. Tout est interaction, on ne devient pas riche avec notre propre argent, on ne devient pas heureux en restant seul.

Épilogue

L'homme a de tout temps cultivé l'utilisation du secret et du mensonge. Toute notre vie, nous avons été amenés à vivre dans ce monde parallèle que représente le mensonge. Lorsque nous sommes enfants, nos parents nous mentent et ont beaucoup de secrets qu'ils ne veulent pas divulguer sous prétexte de nous apporter une vie meilleure, moins soucieuse.

Lorsque nous vieillissons, nous apprenons à vivre avec d'autres mensonges. Nous ignorons des aspects existentiels de la vie extrêmement importants sous prétexte qu'ils nous ont été présentés comme secondaires, pas intéressants ou encore ésotériques. L'école est sensée apporter une éducation à nos enfants, pourquoi n'est-il jamais question de ce qui se passe à l'intérieur de nous-mêmes, de notre esprit, de notre âme, de nos vies antérieures ?

Il semble que le système décide d'oublier cet aspect crucial de l'existence d'un individu, au profil d'enseignements considérés plus « pragmatiques ». On apprend au futur comptable à compter, et au pâtissier à faire des pâtisseries.

À aucun moment il n'est enseigné à un enfant qu'il se passe également des choses à l'intérieur de son univers contextuel, et qu'il existe une méthodologie de compréhension de ces mécanismes.

On laisse nos enfants se faire une idée de ce qu'est l'identité sociale en regardant la tv, en les faisant grandir dans le besoin permanent de consommation, et ce, dès le plus jeune âge. Je pense que l'on ne peut pas aspirer à une société moins dévastatrice pour l'homme, sans revenir à des valeurs de base que sont l'éducation par l'exemple, la transmission des valeurs, et par une explication plus juste aux jeunes générations de ce qu'est l'accomplissement personnel. Pourquoi est-ce que l'on n'apprend pas aux enfants très jeunes, à utiliser les ressources de leur subconscient, à en découvrir les limites, à les repousser ? Pourquoi est-ce que le système d'apprentissage actuel n'est basé que sur la mémoire et le par cœur sans la maitrise et la compréhension ? Il me semble qu'il est grand temps de révolutionner le système scolaire qui est obsolète et n'a guère changé depuis des siècles. Aujourd'hui, tout le monde comprend que l'apprentissage est un domaine qui demande de l'humilité, car on découvre de nouvelles méthodes efficaces tous les jours, et celles d'hier deviennent alors obsolètes et ridicules. Il y a quelques années, les professeurs auraient jugé que l'ordinateur est un accessoire inutile pour l'apprentissage, et qu'il ne s'agit que d'un accessoire, un gadget de modernité.

Pourtant, il me semble qu'une des plus grandes compagnies aériennes au niveau mondial a décidé d'équiper ses pilotes de tablettes tactiles pour accéder à leur documentation de bord. Ce qui démontre qu'il ne s'agit que d'une question de temps de réaction des institutions, pour bien vouloir reconnaitre l'évolution de la société. Les professeurs, psychologues, psychiatres, sont des professionnels qui vivent dans leur propre bulle de réalité. Ils sont déconnectés de la société par leur théorisation extrême, et leur retrait en matière de compréhension cognitive. Je prends pour exemple le fait que les soi-disant savants de la santé mentale d'aujourd'hui utilisent des méthodes particulièrement violentes, vieilles et rétrogrades comme :

- Les électrochocs
- L'utilisation de drogue et psychotropes de synthèses dangereux (antidépresseurs)
- Le confinement en isolation (asiles)
- Le complexe d'Œdipe (psychologie freudienne)

- L'écoute passive (les tous débuts de la psychologie)

D'ailleurs, il n'y a que peu de gens « fous », sur cette planète. En revanche, nous sommes quatre-vingt-quinze pour cent d'humains névrosés, frustrés, abusés, marqués, déçus, et meurtris par les Ancrages Négatifs Inconscients (A.N.I) qui ont été générés tout au long de notre vie par nos expériences du passé. Une pare infime de nos décisions représente ce que l'on est vraiment, ce que l'on ressent. La plupart de nos faits et gestes, sans parler de nos pensées, sons entièrement conditionnés par nos A.N.I qui placent les barrières inconscientes de ce qui nous sépare de l'accomplissement personnel, quelque soit sa signification pour vous.

Quel que soit votre âge, vos expériences du passé, votre position sociale actuelle, vous avez la possibilité de devenir qui vous voulez et de réussir vos objectifs qu'ils soient professionnels, amoureux ou financiers. Lorsque vous avez une méthodologie, peu importe laquelle, vous pouvez réussir. Notre société est indéniablement difficile et génératrice de stress, néanmoins, de pare mon expérience personnelle, mais également mon expérience professionnelle d'accompagnement en coaching, je peux dire que n'importe quel adulte peut réussir ce travail sur lui-même. Si vous lisez ce livre, c'est que vous avez probablement déjà un intérêt à comprendre la nature humaine et qui vous êtes réellement. En revanche, après l'attrait de la curiosité, doivent venir la motivation du travail sur soi-même, et la volonté de réussir. Un adulte vivant dans cette société occidentale et ayant les moyens d'acheter et lire se livre, a les moyens de réussir son ambition. Si vous n'avez jamais évolué en ce sens, il y a de grandes chances pour que ce soit votre faute.

La prise de conscience est une première étape, « l'action » est ce qui vous permettra de réussir « quelque chose ». Il s'agit d'une part d'un travail mental, et ensuite de jouer de cette compréhension des interactions sociales pour réussir. Si vous n'allez pas confronter vos connaissances théoriques à la dureté et l'imprévisibilité de la vie, vous ne réussirez pas à gagner en expérience, et à mettre en application vos nouvelles aptitudes.

Ce n'est pas un travail contraignant, car il vous permet de « gagner » dans vos duels de la vie de tous les jours, et vous savez bien que lorsqu'on gagne à un jeu, on finit en général par l'apprécier. Je suis moi-même quelqu'un qui joue pour gagner, et pour le plaisir, mais aussi pour le plaisir de gagner. Je n'aime pas être déçu, avoir dépensé de l'énergie pour rien, ou subir une désillusion. C'est pourquoi je ne suis pas obsédé par la quantité de travail, mais plutôt par sa qualité et sont efficacité. C'est dans cet esprit que j'ai conçu ma méthodologie de coaching, la Téléphasie, et je suis constamment en recherche d'optimisation et performance. Si un objectif me demande 3 actions intensives pour l'atteindre, mon approche en Téléphasie sera de trouver un moyen d'atteindre cet objectif en une seule action, juste et précise, et d'utiliser le reste de mon temps et de ma motivation pour une autre occupation, que ce soit un loisir ou un projet supplémentaire.

Ainsi, ma compréhension du système EMAST me permet une gestion optimisée de mon énergie, afin d'obtenir plus de matière pour un même effort. J'utilise ensuite cette matière de résultante comme matière énergétique et ainsi utiliser l'effet levier d'une réussite pour entreprendre un nouveau challenge.

C'est ainsi que non seulement je minimise mes expériences négatives, mais j'utilise les résultats positifs de mes succès, pour engranger d'autre succès avec encore moins d'effort.

Cette compréhension du système EMAST vous permet d'entrer dans une « roule libre du succès », un « cercle infini de la réussite ». Vous serez également capable de détecter dans vos résultats finis, quels sont les éléments de matière énergétique que vous pouvez utiliser pour des applications auxquelles vous n'auriez même pas pense précédemment.

Nous pouvons considérer ces méthodologies comme des secrets de la vie, étant donné que toutes les règles de l'univers entier sont reliées aux mêmes lois suprêmes du système EMAST. Ce système nous explique que chaque entité a un rôle à jouer dans l'univers et que chaque entité remplissant un rôle assumé se caractérise comme valide et fonctionnelle.

La Téléphasie révèle les secrets.

En permettant un voyage à travers la conscience de l'homme, à travers notre conscience et l'expérience de la CA, nous comprenons ce que sont les secrets, les secrets nous sont révélés…

Gabriel Theo. Josephson